Manfred Böckl

FÜRSTENMORD UND HEXENBRAND

Manfred Böckl

FÜRSTENMORD UND HEXENBRAND

Spektakuläre Kriminalfälle aus dem alten Bayern

Verlagsanstalt »Bayerland« Dachau

Für meinen Freund Peter Ettl,
dem ich wertvolle Hinweise
zum König-Ludwig-Kapitel
in diesem Buch verdanke.

Verlag und Gesamtherstellung:
Druckerei und Verlagsanstalt »Bayerland« GmbH
85221 Dachau, Konrad-Adenauer-Straße 19

Umschlagmotiv: Hans Fischach

© Druckerei und Verlagsanstalt »Bayerland« GmbH
85221 Dachau, 2002
Printed in Germany · ISBN 3-89251-319-8

Inhalt

Vorwort

Der Bogen der in diesem Buch geschilderten spektakulären Kriminalfälle aus dem alten Bayern spannt sich über fast eineinhalb Jahrtausende. Gleich zu Anfang geht es um die Ermordung des Regensburger Bischofs Emmeram im siebten Jahrhundert; am Ende stehen die vier berühmtesten bayerischen Räuber und Wilderer, die zugleich Opfer der sozialen Mißstände im achtzehnten, neunzehnten und anbrechenden zwanzigsten Jahrhundert waren. Die Jahrhunderte dazwischen wurden von grauenhafter Hexenjagd, mörderischer Frauenfeindlichkeit, fürchterlichen Bluttaten des Hochadels und Wirtschaftskriminalität verdunkelt. Und selbstverständlich wird auch der Tod König Ludwigs II. behandelt, wobei alles dafür spricht, daß der Monarch im Gegensatz zur offiziellen Darstellung der damaligen Regierung keineswegs Selbstmord beging.

Natürlich können die zwölf vorgestellten Kriminalfälle lediglich Schlaglichter innerhalb einer ungleich umfangreicheren Kriminalgeschichte des historischen Bayern setzen. Dennoch erhellen sie, zumindest punktuell, das Abgründige der jeweiligen Epoche, so daß sich aus ihrer Gesamtheit durchaus ein gewisser Abriß der negativen Seite bayerischer Geschichte ergibt. Aus diesem Grund wurden die einzelnen Fälle im Buch auch chronologisch angeordnet – eine Ausnahme machen allerdings die Kapitel, in denen die Räuber und Wilderer Matthias Klostermayr (Bayerischer Hiasl), Michael Heigl, Georg Jennerwein und Mathias Kneißl die Hauptrolle spielen. Sie wurden am Schluß des Buches zusammengefaßt, weil sie zusammen einen speziellen Bereich der bayerischen Kriminalgeschichte beleuchten.

Der Heilige und die Herzogstochter
Bischof Emmerams Martyrium in Helfendorf

Anno 685: Fluchtartig hatte der Bischof die Herzogsstadt Regensburg verlassen; nun jagte er, nur von einer kleinen Reiterschar begleitet, Richtung Süden. Sein Ziel waren die Alpen, dann Rom; der Papst, so hoffte er, würde ihn vor der Rache des Agilolfingerherzogs Theodo schützen. Schon lagen die Berge scheinbar zum Greifen nahe; in Helfendorf, einem Weiler nordwestlich von Aibling, machten die Flüchtlinge kurze Rast an einem Brunnen.

Plötzlich stieß einer der Männer einen Warnruf aus – im nächsten Moment erblickten auch die anderen den starken Trupp bajuwarischer Krieger, die in vollem Galopp heranpreschten. An ihrer Spitze ritt Landpert, der Sohn Herzog Theodos; gleich darauf hatten die Bewaffneten den Bischof und dessen Bedeckung umzingelt, und der junge Agilolfinger fuhr den Priester zornig an: »Jetzt mußt du für deine Verbrechen Rechenschaft ablegen, Emmeram!«

Zitternd stand der Bischof da; vielleicht ahnte er bereits, daß seine letzte Stunde geschlagen hatte – doch wie grausam sein Tod sein würde, war ihm in diesem Augenblick bestimmt noch nicht bewußt.

***

Ungefähr so könnte sich die Szene abgespielt haben, die wenig später in einer entsetzlichen Bluttat gipfelte. Einer Mordtat, die den Regensburger Bischof Emmeram zum katholischen Märtyrer und Heiligen machte – bei objektiver Betrachtung aber eher Züge eines spektakulären Politkrimis des frühen Mittelalters aufweist. Zudem war dieser Kriminalfall mit einer Liebesaffäre verknüpft, in welcher die Herzogstochter Uta, Emmeram und – zumindest laut kirchlicher Darstellung – ein einfacher Krieger eine Rolle spielten. Ehe wir jedoch genauer auf die politischen Intrigen und erotischen Kabalen eingehen, wollen wir uns zunächst mit Herkunft und historischem Wirken Emmerams, des Mordopfers von Helfendorf, beschäftigen.

Der Kleriker war kein Bajuware, sondern Franke. Er wurde in der westfranzösischen Stadt Poitiers geboren und empfing dort, noch relativ jung, seine Bischofsweihe. Präziser gesagt: Er wurde zum Wander- und Missionsbischof ausgebildet und anschließend nach Osten gesandt, um außerhalb des Frankenreiches im Donauraum zu predigen. Anno 681 tauchte er zusammen mit einem Dolmetscher namens Vitalis in Regensburg auf, der Hauptstadt des selbständigen bajuwarischen Stammesherzogtums. Der Landesherr, Theodo I., empfing Emmeram zur Audienz und stellte dabei fest, daß der Bischof die Landessprache nicht im mindesten beherrschte. Vitalis mußte Rede und Gegenrede übersetzen; so erfuhr der Herzog von den Absichten Emmerams: Der Wanderbischof wollte weiter zu den heidnischen Awaren an der unteren Donau, um dieses Steppenvolk zum Christentum zu bekehren.

Zu jener Zeit allerdings herrschte zwischen den Bajuwaren und den Awaren Krieg; die Steppenreiter betrachteten jeden von Westen kommenden Fremden als Feind. Deshalb riet Theodo dem Bischof dringend von seinem Vorhaben ab und schlug ihm vor, statt dessen in seinem eigenen Herzogtum zu bleiben. Theodo hatte dazu gute Gründe; er selbst und die meisten Adligen waren zwar getauft, aber der Großteil der bajuwarischen Bevölkerung bekannte sich nach wie vor zu den alten Göttern. Nur in vereinzelten Dörfern hatte das Christentum dank der Missionstätigkeit iroschottischer Wandermönche während der vergangenen Generationen Fuß gefaßt, und da diese keltischen Glaubensboten einen guten, ausgleichenden Einfluß auf die Bauern gehabt hatten, wünschte sich der Herzog wohl, daß Emmeram im gleichen Sinne wirken sollte.

Der fränkische Bischof erklärte sich mit der Bajuwarenmission einverstanden; zum Dank dafür schenkte ihm Theodo ein Stück Land, auf dem Emmeram eine Kapelle errichten konnte. In den folgenden Jahren bis 685 dann unternahm der Missionar, welcher die bajuwarische Sprache erstaunlich rasch erlernt haben muß, ausgedehnte Reisen durch das Herzogtum, um die Landbevölkerung zum Christentum zu bekehren. Freilich war er dabei weniger im toleranten Sinn der früheren iroschottischen, vom Papsttum unabhängigen Wandermönche tätig, sondern entpuppte sich zunehmend als Anhänger der

römischen Kirche. Daraus entwickelten sich Spannungen; der bajuwarische Landadel und bald auch die Angehörigen des Herzogshauses selbst, die naturgemäß kein Interesse an einem Machtzuwachs
der stets nur auf ihren eigenen Vorteil bedachten Papstkirche hatten,
verfolgten das Wirken Emmerams mit wachsendem Mißtrauen.

Doch auch anderweitig sorgte der Bischof für böses Blut. Die
Frauen nämlich – so heißt es in einem frühmittelalterlichen Bericht
über ihn – liebten den stattlichen Mann über die Maßen. Fromme
kirchliche Autoren interpretierten das bis herauf ins 20. Jahrhundert
so: Emmeram habe mit seinen herzerweichenden Predigten vor allen
Dingen das weibliche Geschlecht angesprochen. Etwas kritischere
Historiker, gerade der Moderne, hingegen sehen darin einen deut-
lichen Hinweis auf häufige Liebesaffären des fränkischen Missio-
nars; dafür sprechen bei genauer Betrachtung auch andere Indizien
in seiner Vita. Und damit kommen wir zu Uta, der schönen, unver-
heirateten Tochter Herzog Theodos, zu der Emmeram – so oder
so – ein ganz besonders enges Vertrauensverhältnis hatte.

In der Emmeramslegende des Freisinger Bischofs Arbeo wird diese
Beziehung folgendermaßen dargestellt: Emmeram hätte sich mit der
Herzogstochter auf priesterliche Weise angefreundet; gleichzeitig sei
Uta in heimlicher Liebe zu einem einfachen Krieger namens Sigibald
entbrannt gewesen. Als ihr sündhaftes Tun sich nicht mehr hätte ver-
heimlichen lassen, weil sich ihr Leib gerundet habe, sei sie mit ihrem
Geliebten zu Emmeram gekommen, um sich diesem anzuvertrauen.
Der Bischof hätte das Paar mit strengen Worten zur Buße ermahnt
und sich sodann entschlossen, nach Rom zu pilgern, um seinerseits
mit dem Papst zu sprechen und ihm Rechenschaft über die von ihm
geleistete Missionsarbeit im Land der Bajuwaren abzulegen. Kaum
aber sei Emmeram weg gewesen, habe Uta sich ihrem Vater Theodo
zu Füßen geworfen und ihm ihre Sünde gebeichtet. Freilich hätte
sie dabei eine Lüge gebraucht, indem sie nämlich behauptete, der
Bischof und nicht Sigibald sei der Vater ihres Kindes.

Soweit die kirchliche Überlieferung, die nun allerdings nicht sonderlich schlüssig ist. Insbesondere sticht ins Auge, daß der angeblich
völlig unschuldige Emmeram sich offenbar im selben Moment, in
dem er von Utas Schwangerschaft erfuhr, zu seiner Romreise ent-

schloß. Für dieses Verhalten jedoch kann es nur einen einzigen Grund gegeben haben: Der Bischof wollte in jenem Jahr 685 Zuflucht beim Papst suchen, weil er selbst die Herzogstochter geschwängert hatte. Genau dies gestand Uta dann ja auch ihrem Vater, und zwar unmittelbar nach Emmerams Verschwinden – weil sie sich schmählich von ihm im Stich gelassen fühlte. Und was jenen Sigibald angeht, so geriet dieser bajuwarische Krieger, der durchaus wirklich gelebt haben kann, womöglich nur deswegen in die Legende, weil er dort in der verschleiernden Darstellung des wahren Sachverhalts als Sündenbock nötig war.

Logischer als in der orthodoxen Überlieferung fügt sich auf diese Weise eins zum anderen. Wir wollen es vorerst dabei bewenden lassen und sehen, was die Heiligenlegende weiter vermeldet.

Nachdem Uta den Bischof als Vater ihres ungeborenen Kindes bezeichnet habe, sei Landpert, ihr Bruder, vor Zorn außer sich gewesen. Noch in derselben Stunde habe er eine Rotte von Kriegsknechten um sich geschart und die Verfolgung des Flüchtigen aufgenommen. In Helfendorf hätten die Häscher Emmeram und dessen Begleiter eingeholt; Landpert habe dem Bischof wütende Vorhaltungen gemacht. Emmeram wiederum hätte sich erboten, diese Vorwürfe in Rom zu entkräften; er sei bereit gewesen, sich dort einem geistlichen Gericht zu stellen und auf diese Art seine Unschuld zu beweisen. Landpert indessen, von Rachsucht und Haß verblendet, habe sich nicht besänftigen lassen; vielmehr hätte er seinen Kriegern nun Befehl gegeben, den Bischof zu ergreifen. Die Bewaffneten hätten Emmeram daraufhin auf eine Leiter gebunden und ihn samt dieser auf einen nahegelegenen Felsblock geschleppt; dort habe der Bischof grausame Foltern erleiden müssen.

Wir wollen auch diese Passage aus der Überlieferung Arbeos etwas genauer unter die Lupe nehmen. Warum Landpert die Verfolgung Emmerams aufgenommen hatte, ist nachvollziehbar – doch obwohl er außer sich vor Zorn gewesen sein soll, führte Landpert, als er und seine Männer den Bischof in Helfendorf gestellt hatten, zunächst einmal einen Dialog mit Emmeram. Die Legende sagt es ganz deutlich: Landpert machte dem Bischof Vorhaltungen; Emmeram bot an, die Angelegenheit vor ein geistliches Gericht in Rom zu bringen und sich dort reinzuwaschen. Und erst nachdem diese Sätze gefallen waren, verlor Landpert offenbar die Beherrschung; erst jetzt ging er gewaltsam gegen den Bischof vor.

Dies aber war beileibe kein Wunder, denn Emmeram hatte den Herzogssohn mit dem Ansinnen, seinen Fall vor einen päpstlichen Gerichtshof zu bringen, gleich zweifach provoziert. Zum einen hatte er durch seinen Vorschlag die Souveränität der bajuwarischen Rechtsprechung mißachtet, und dies noch dazu gegenüber dem künftigen Herzog. Zum anderen wäre – und das war Landpert zweifellos bekannt – ein kirchliches Gericht in Rom niemals bereit gewesen, einen Angehörigen des hohen Klerus zu verurteilen. Die Machtinteressen des Papsttums hätten dem entgegengestanden; der Bischof wäre also unweigerlich freigesprochen worden. Und erst vor diesem Hintergrund wird tatsächlich faßbar, warum Landpert seinen Kriegern befahl, kurzen Prozeß mit Emmeram zu machen. Er tat es, weil er die doppelte Provokation, deren Brisanz der Kleriker in seiner angstvollen Verwirrung vielleicht gar nicht richtig einzuschätzen vermochte, unmöglich hinnehmen konnte.

So kam es zur Ermordung, respektive Hinrichtung des Bischofs in Helfendorf; ob sie allerdings derart bestialisch erfolgte, wie in der Heiligenvita Arbeos dargestellt, ist fraglich. Doch selbst falls Arbeo, der erst vierzig Jahre nach der Bluttat geboren wurde, übertrieben hat, besteht kein Zweifel daran, daß Emmeram einen gräßlichen Tod erlitt – und in der Legende wird sein schreckliches Ende in allen Einzelheiten ausgemalt.

Landperts Krieger hätten dem auf dem Felsblock liegenden Bischof Nase und Ohren abgeschnitten und ihm die Augen aus dem Kopf gerissen. Sie hätten ihm Hände und Füße abgehackt und ihn weiterer – nicht näher bezeichneter – Glieder beraubt; schließlich hätten die Bewaffneten ihm auch noch die Zunge abgetrennt. Erst dann seien der Herzogssohn und seine Kriegsleute weggeritten und hätten den verstümmelten, aber noch lebenden Bischof auf dem Felsen zurückgelassen. Emmerams Begleiter, die zunächst in Panik geflohen seien, hätten sich nun wieder bei ihm eingefunden. Man habe den schwerverletzten Bischof losgebunden, um ihn auf einem Ochsengefährt nach Aschheim zu bringen. Bereits in der Nähe von Feldkirchen jedoch hätte Emmeram den Tod nahen gefühlt; er habe seine Gefährten gebeten, ihn auf die Erde zu legen. Alsbald sei er verstorben; den Leichnam habe man zunächst nach Aschheim überführt und ihn in der dortigen Kirche St. Peter beigesetzt. Schon wenig später sei dann die Unschuld des Bischofs ans Licht gekommen, worauf der erzürnte Herzog Theodo nicht nur seinen Sohn Landpert, sondern auch seine Tochter Uta in die Verbannung geschickt hätte. Emmerams Leiche habe er – wobei sich ein Wunder ereignete – in Aschheim aus dem Grab holen und nach Regensburg bringen lassen; in der Herzogsstadt sei der Märtyrer mit großen Ehren bestattet worden.

Wenn man diesen Teil der kirchlichen Überlieferung analysiert, finden sich einige Fakten, die historisch nachvollziehbar sind. Anderes muß dem Bereich der reinen Heiligenlegende zugeordnet werden und darf keinen Anspruch auf geschichtliche Wahrheit erheben.

Zunächst erwähnt Arbeo ein hochinteressantes Detail. Er schreibt nämlich, daß Emmeram, während er die Marter erlitt, auf einem Felsblock gelegen habe; zuvor hatten die Krieger Landperts den auf die Leiter gefesselten Bischof gezielt zu diesem Felsen gebracht. Damit aber kann es sich eigentlich nur um einen ganz besonderen Stein gehandelt haben: einen Gerichtsstein. Bei solchen, ursprünglich heidnischen Gerichtssteinen – natürlichen Felsbildungen oder künstlichen Steinsetzungen – wurde in den ehemals keltischen und germanischen Regionen Europas noch bis in die beginnende Neuzeit herauf Recht gesprochen; gerade im Mittelalter dienten sie zudem häufig als Hinrichtungsstätten. Und sofern man diese Hintergründe kennt, spricht Arbeos Hinweis sehr deutlich dafür, daß es sich auch im Fall Emmerams so verhielt. Landpert scheint den Bischof also nach altem bajuwarischen Stammesrecht am Gerichtsstein von Helfendorf verurteilt zu haben; nach dem Urteilsspruch vollstreckten seine Männer die Strafe an dem auf den Felsen gebundenen Delinquenten.

Weiter fällt auf, daß Emmeram nicht wirklich hingerichtet, sondern »nur« verstümmelt und dann, noch lebend, liegengelassen wurde. Ob Landpert tatsächlich eine Tötungsabsicht hatte, wird damit fraglich; möglicherweise unterwarf er den Bischof einem sogenannten

Gottesurteil – und stellte es einer höheren Macht anheim, ob Emmeram sich von seinen Verwundungen erholen würde. Obwohl seine Verletzungen schwer waren, hätte der Bischof durchaus eine Überlebenschance gehabt, denn laut Arbeo waren keine inneren Organe in Mitleidenschaft gezogen worden, und Verstümmelungen, wie Emmeram sie erlitten hatte, mußten angesichts der oft sehr robusten Konstitution der damaligen Menschen nicht zwangsläufig zum Tod führen.

Der Bischof freilich verstarb schon nach wenigen Stunden in der Nähe des ungefähr sechs Kilometer von Helfendorf entfernten Ortes Feldkirchen. Seine Gefährten hatten ihn auf einem Ochsenwagen dorthin gekarrt und wollten mit ihm weiter nach Aschheim; warum sie Emmeram diese Tortur zumuteten und ihn nicht gleich in eines der Helfendorfer Bauernhäuser brachten, bleibt rätselhaft. Möglicherweise starb der Bischof sogar, weil seine Blutungen auf dem rüttelnden Gefährt nicht zum Stillstand kommen konnten. Aber dies ist Spekulation – die Tatsache hingegen, daß die brutale Folter Emmerams Tod verursacht hatte, läßt sich nicht abstreiten. Und damit muß man letztlich doch von einem Mord an dem Bischof durch Landpert und seine Krieger sprechen; einer Tötung, die allerdings durch das Urteil am Gerichtsstein nach bajuwarischem Recht sanktioniert war.

All dies läßt sich aus den Fakten, die Arbeo nennt, ableiten; historisch exakt dargestellt ist auch das Erstbegräbnis Emmerams in Aschheim sowie seine spätere – jedoch gewiß nicht von Herzog Theodo veranlaßte – Überführung nach Regensburg, wo die Krypta mit den sterblichen Überresten des Bischofs bis heute in der Emmeramskirche existiert. Was indessen den abschließenden Teil von Arbeos Emmeramsvita angeht, so gehört dieser ins Reich der geschichtlich nicht haltbaren Heiligenlegende. Dies gilt für das Aschheimer Wunder und ebenso für die angebliche Verbannung Landperts und Utas vom Herzogshof; keine einzige historisch ernstzunehmende Quelle gibt einen Hinweis darauf, daß Theodo Sohn und Tochter tatsächlich verstieß. Die Heimholung von Emmerams Leichnam nach Regensburg schließlich erfolgte bestimmt sehr viel unspektakulärer, als Arbeo sie schildert. Es war vermutlich eine

Gruppe von ehemaligen Anhängern des Bischofs, welche dessen Körper irgendwann nach 685 in die Donaustadt brachten und ihn dort in einem kleinen römischen Kirchenbau außerhalb der Stadtmauern beisetzten, über dem später die Emmeramskirche mit der Krypta für den unterdessen heiliggesprochenen Bischof errichtet wurde.

Durch Emmerams Erhebung zur Ehre der Altäre wurde die Erinnerung an ihn und sein gewaltsames Ende über die Jahrhunderte hinweg bewahrt. Freilich geschah dies in Form einer Märtyrerlegende, die im Verlauf der Zeit in verschiedenen Versionen immer mehr ausgeschmückt wurde. Bei Arbeo jedoch, der nur zwei Generationen nach dem zu Tode gefolterten Bischof lebte, ist der historische Hintergrund des Mordfalles noch recht gut erkennbar, sofern man alles beschönigende Beiwerk wegstreicht. Demnach wurde Uta schwanger, jedoch nicht von jenem ominösen Krieger Sigibald, sondern von Emmeram selbst. Als sich die Herzogstochter dem Vater ihres ungeborenen Kindes anvertraute, floh dieser Hals über Kopf aus Regensburg, um sich nach Rom zu retten und sich dort unter päpstlichen Schutz zu stellen. Wutentbrannt verfolgte Utas Bruder Landpert den Bischof mit einer Reiterschar und stellte ihn bei Helfendorf, wo vermutlich ein rasches Gerichtsverfahren nach bajuwarischem Stammesrecht stattfand. Emmeram provozierte Landpert auf unerträgliche Weise; der Bischof wurde verurteilt, verstümmelt und auf dem Gerichtsstein zurückgelassen – einige Stunden später erlag er seinen Verletzungen.

Eine Frage bleibt nach der Auswertung von Arbeos Aufzeichnungen freilich offen: Hatte die harte Bestrafung Emmerams ihren Grund allein in der unerlaubten Beziehung des Bischofs zur Herzogstochter Uta – oder gab es noch ein anderes Motiv für Landperts rigoroses Vorgehen? Arbeo äußert sich dazu nicht, moderne Historiker indessen sehen durchaus auch politische Hintergründe; zum Beispiel der Emmeramsforscher Karl Babl, der die These aufstellte, daß »Emmeram, der Missionar aus dem Frankenreich, in einer Zeit politischer Selbständigkeitsbestrebungen Bayerns als Repräsentant fränkischer Macht ermordet wurde«.

Dafür gibt es nun in der Tat eine ganze Reihe von Indizien; zunächst einmal die allgemeine politische Situation im ausgehenden 7. Jahrhundert. Denn die Hausmeier des Fränkischen Reiches, welche das angestammte Königsgeschlecht der Merowinger weitgehend entmachtet hatten, betrieben zu jener Zeit im Bündnis mit dem Papsttum eine aggressive Expansionspolitik. Nur vier Jahre nach Emmerams Tod etwa wurden die Friesen unterworfen, außerdem waren die Franken um 660 in Böhmen und Mähren eingefallen und hatten dort ein Massaker angerichtet. Infolgedessen mußten sich auch die Bajuwaren bedroht fühlen; zwar behaupteten die Agilolfinger ihre Unabhängigkeit bislang noch, aber die Gefahr, unter fränkische Herrschaft zu geraten, wuchs ständig.

Angesichts dessen ist es um so erstaunlicher, daß Herzog Theodo den Frankenbischof Emmeram Anno 681 dazu bewog, in Regensburg zu bleiben und, statt bei den Awaren, im bajuwarischen Stammesherzogtum zu missionieren. Dies noch dazu, da fränkische Glaubensboten anderswo politische Agitation betrieben, um den Boden für eine Machtübernahme durch die Franken zu bereiten; in Friesland taten dies zur fraglichen Zeit beispielsweise die römisch-katholischen Missionare Wilfried und Willibrord. Doch obwohl Theodo davon gewußt haben muß, vertraute er Emmeram und förderte ihn sogar – was auf den ersten Blick reichlich blauäugig erscheint.

Wenn wir uns aber daran erinnern, wie sich der fränkische Wanderbischof am Regensburger Herzogshof einführte, wird Theodos Verhalten begreiflicher. Es sieht nämlich ganz so aus, als hätte Emmeram sehr geschickt zunächst die Rolle eines völlig unpolitischen und sogar ein wenig weltfremden Priesters gespielt. Angeblich war er der bajuwarischen Sprache total unkundig, so daß er einen Dolmetscher benötigte; ein fränkischer Agitator, so durfte der Herzog vermuten, wäre zweifellos besser ausgebildet gewesen. Weiter hatte Emmeram anfangs erklärt, er wolle gar nicht bei den Bajuwaren missionieren, sondern die Awaren bekehren; auch das war geeignet, Theodo in Sicherheit zu wiegen. Und schließlich könnte der Bischof dem Herzog weisgemacht haben, er sei ein Anhänger der keltischen Glaubensrichtung; Missionar jener iroschottischen Kirche, deren Wandermönche während der vergangenen Generationen im Land der

Bajuwaren viel Gutes bewirkt hatten. Falls aber Emmeram derartige falsche Fährten legte, hätte es für Theodo keinen Grund mehr gegeben, ihm zu mißtrauen.

Mit Billigung des Herzogs – und damit unter dessen Schutz stehend – konnte der Bischof Anno 681 mit seiner Bajuwarenmission beginnen. Emmeram betrieb sie offenbar von allem Anfang an sehr intensiv; Arbeo beschreibt das so: »Predigend zog er landauf und landab, unermüdlich tätig für die Ausbreitung der Kirche.« Dies klingt nun allerdings gar nicht mehr nach einem lediglich frommen und zudem der bajuwarischen Sprache nicht mächtigen Missionspriester; vielmehr scheint Emmeram die Landessprache erstaunlich rasch erlernt zu haben – und in seinen vielen Predigten ging es außerdem keineswegs bloß um die friedliche jesuanische Lehre, sondern, wie Arbeo unmißverständlich sagt, um die Ausbreitung der Kirche. Damit jedoch kann Arbeo als entschiedener Anhänger des Papsttums einzig die römische Kirche gemeint haben; Emmeram versuchte also ganz eindeutig, das bislang im bajuwarischen Herzogtum existierende keltische Christentum in die römisch-katholische Glaubensrichtung umzubiegen.

Der Bischof diente damit der Papstkirche, die ihrerseits mit den fränkischen Hausmeiern verbündet war und deren skrupellose Expansionspolitik förderte. Letztlich tat Emmeram genau das gleiche wie zur selben Zeit in Friesland die päpstlich-fränkischen Missionare Wilfried und Willibrord; hier wie dort sollte eine gesellschaftliche Destabilisierung erreicht und dadurch der Boden für eine Machtübernahme durch die Franken bereitet werden.

Irgendwann zwischen 681 und 685 bemerkten der bajuwarische Adel und der Herzog natürlich, was da gespielt wurde, und der Unmut gegen den Bischof wuchs. Doch ein rigoroses Vorgehen gegen Emmeram war jetzt, nachdem dieser sich im Herzogtum bereits etabliert hatte, nicht mehr ohne weiteres möglich. Zum einen mußte man Rücksicht auf die nördlich der Alpen immer einflußreicher werdende römische Kirche nehmen; zum anderen – und dieser Grund wog schwerer – wollte man die Gefahr einer Konfrontation mit dem mächtigen Frankenreich vermeiden. Der Bischof konnte infolgedessen nicht einfach des Landes verwiesen werden; vermut-

lich kam man daher am Herzogshof überein, zunächst einmal abzuwarten und sich die nötigen Schritte genau zu überlegen.

In dieser Situation aber machte Emmeram dann einen entscheidenden Fehler. Der Bischof, der, wie es heißt, von den Frauen über die
Maßen geliebt wurde, leistete sich eine Affäre mit Theodos Tochter
Uta. Die junge Frau wurde schwanger; als Emmeram davon erfuhr,
wurde ihm wohl bewußt, daß seine Position wegen des zu erwartenden Skandals nun unhaltbar geworden war. Hals über Kopf flüchtete
er, um sich nach Rom zu retten; für den Herzog und dessen Sohn
Landpert wiederum hatte er durch die Schwängerung Utas das Faß
zum Überlaufen gebracht.

Zweifellos mit Wissen und Billigung seines Vaters jagte Landpert
hinter dem fränkischen Bischof her, holte ihn bei Helfendorf ein und
erhob standrechtliche Anklage gegen ihn. Diese lautete freilich nicht
auf umstürzlerische Agitation, sondern auf Schändung der Herzogstochter – damit war dem Fall die für das bajuwarische Herrscherhaus so gefährliche politische Brisanz genommen. Emmeram
konnte wegen einer erotischen Verfehlung verurteilt werden, die
gerade in den Augen der römisch-katholischen Kirche besonders
verwerflich war; auch die Franken mußten deshalb die Bestrafung
des Bischofs hinnehmen.

Dies ist die wahrscheinlichste Erklärung für die Bluttat am Helfendorfer Gerichtsstein; hieb- und stichfest bewiesen werden kann diese
These nach mehr als dreizehnhundert Jahren allerdings nicht mehr.
Doch eine ganze Indizienkette weist darauf hin, daß Emmeram ein
fränkischer Agent im Priesterkleid war – und aus diesem Grund sein
schreckliches Ende fand.

Das Ende des letzten Agilolfingerherzogs
Ein Politverbrechen Karls »des Großen«

»Von den Geschlechtern, die genannt werden Huosi, Trozza, Fagana, Hahiligga, Anniona: Diese sind sozusagen die vornehmsten nach den Agilolfingern, welche von herzoglichem Geschlecht sind. (...) Der Herzog aber, der dem Volk vorsteht, war immerdar aus dem Geschlecht der Agilolfinger und soll es stets sein. Denn so haben es die Könige, unsere Vorfahren, jenen zugestanden, als sie denjenigen aus ihrem Geschlecht, der dem König treu ergeben und klug war, zum Herzog einsetzten, um jenes Volk zu regieren.«

So heißt es in der »Lex Baiuvariorum«, dem ältesten bayerischen Gesetzeswerk, das zwischen 540 und 630 entstand und damit in die Zeit unmittelbar nach dem Zusammenbruch des Römischen Reiches zurückreicht. In jener Epoche wurden in West- und Mitteleuropa die von den geheimnisvollen Merowingerkönigen regierten fränkischen Stämme mächtig; gleichzeitig bildete sich im altbayerischen Raum das bajuwarische Stammesherzogtum unter dem ersten Agilolfingerherzog Garibald heraus. Die Dynastie der Agilolfinger aber herrschte zu diesem Zeitpunkt schon »immerdar«, war also bereits vor der eigentlichen, auf etwa 540 datierten bajuwarischen Staatsgründung an der Macht – und der König aus der »Lex Baiuvariorum«, der den allerersten Agilolfingerherzog wohl noch in den Wirren der Völkerwanderungszeit einsetzte, war vermutlich ein Merowinger. Weiter war dieser erste Bajuwarenherzog mit dem merowingischen Königshaus verwandt, und damit durften sich die Agilolfinger eines sehr langen und edlen Stammbaumes rühmen. Um so schändlicher ist es angesichts dessen, daß der letzte Herzog aus dem Geschlecht der Agilolfinger, Tassilo III., Anno 788 vom fränkischen König Karl, der in den Geschichtsbüchern gerne als »der Große« bezeichnet wird, um den Thron gebracht und in den Kerkergewölben des Klosters Lorsch wahrscheinlich grausam verstümmelt wurde.

Bei der Absetzung Tassilos handelte es sich eindeutig um ein politisch motiviertes Verbrechen mit äußerst weitreichenden Folgen. Das bajuwarische Volk verlor nicht nur seine angestammte Herzogsdynastie, sondern auch seine Selbständigkeit; das Land wurde dem Frankenreich als Provinz eingegliedert. Und damit fand ein Prozeß seinen Abschluß, der ein Jahrhundert zuvor begonnen hatte: in jener Zeit, als Karls Ahnen, die intriganten fränkischen Hausmeier, die Merowingerkönige bereits weitgehend entmachtet hatten – und der Missionar Emmeram mit keineswegs frommen Absichten nach Regensburg gekommen war. Damals hatten Herzog Theodo und sein Sohn Landpert die Gefahr einer fränkischen Usurpation noch abwenden können; während der folgenden Generationen jedoch war die Unterwanderung des Herzogtums immer weiter vorangeschritten.

Zug um Zug hatte vor allem Karls Vater Pippin, der 751 den letzten Merowingerkönig Childerich III. gestürzt und an dessen Stelle den Thron bestiegen hatte, das Land der Agilolfinger destabilisieren lassen. Im Pakt mit dem Papsttum hatte er dafür gesorgt, daß frankenfreundliche Bischöfe und Priester eingesetzt wurden; ebenso war es Pippin gelungen, sich Teile des bajuwarischen Adels zu verpflichten. Schon 757 hatte der erst sechzehnjährige Herzog Tassilo dem Frankenkönig sowie dessen Söhnen Karl und Karlmann deshalb einen Vasalleneid leisten müssen. Tassilo hatte sein ererbtes Herzogtum damit quasi aus der Hand des fränkischen Herrschers als Lehen empfangen – und genau diese Unterwerfung sollte ein Menschenalter später zum Untergang der Agilolfingerdynastie führen. Pippins Nachfolger Karl stürzte den letzten bajuwarischen Herzog; er tat es mit erstaunlicher, von hemmungslosem Machthunger diktierter krimineller Energie.

**

Anno 754 trat der damals dreizehnjährige Tassilo seinem späteren Todfeind Karl erstmals gegenüber. Jener zählte zu diesem Zeitpunkt zwölf Jahre und hatte einen dreijährigen Bruder namens Karlmann; beide sollten dereinst das Erbe ihres Vaters Pippin antreten und gemeinsam über das riesige Frankenreich herrschen. Tassilo war mit den Prinzen nahe verwandt, denn seine Mutter Chiltrud war eine

Halbschwester König Pippins. Nachdem ihr Gemahl und Tassilos Vater, der Agilolfingerherzog Odilo, bereits 748 früh verstorben war, regierte Chiltrud das bajuwarische Herzogtum im Namen ihres noch unmündigen Sohnes – und um Tassilo auf seine spätere Aufgabe als Herzog vorzubereiten und womöglich Freundschaft zwischen ihm und Karl zu stiften, hatte sie ihren Sohn Anno 754 an den fränkischen Königshof geschickt, wo die beiden Halbwüchsigen für eine gewisse Zeit zusammen erzogen werden sollten.

Ein freundschaftliches Verhältnis indessen scheint sich zwischen dem eher sensiblen Tassilo und dessen allzu hochfahrendem Vetter Karl nicht entwickelt zu haben. Als der fünfzehnjährige Tassilo 756 nach Regensburg zurückkehrte, war er vielmehr zu einem entschiedenen Gegner der überall in Mitteleuropa spürbaren Hegemoniebestrebungen der Franken geworden. Dies machte Tassilo noch im gleichen Jahr 756 auf der Synode von Aschheim deutlich; demonstrativ brachte er die dort versammelten Bischöfe seines Landes dazu, ihm als dem souveränen, von der fränkischen Königsmacht unabhängigen Fürsten der Bajuwaren zu huldigen. Schon im folgenden Jahr 757 jedoch wurde er von Pippin nach Compiègne zitiert, wo er sodann vor dem Frankenkönig und dessen Söhnen den bewußten Vasalleneid ablegen mußte.

Damit war der väterlicherseits aus uraltem Herrschergeschlecht stammende Tassilo zum erstenmal empfindlich geduckt worden; der Emporkömmling Pippin und der mittlerweile fünfzehnjährige Karl hatten ihm sehr deutlich vor Augen geführt, wer am längeren Hebel saß. Und wiederum sechs Jahre später, Anno 763, spann der jetzt erwachsene Karl, der nun bereits Mitregent seines Vaters war, eine höchst infame Intrige gegen Tassilo. Auf den Vasalleneid pochend, verlangte er von dem jungen Bajuwarenherzog, sich mit seinem Heer an einem fränkischen Kriegszug gegen die Aquitanier zu beteiligen. Zwar war dieses Ansinnen im Prinzip berechtigt, denn der Eid, den Tassilo geleistet hatte, verpflichtete ihn zur Heerfolge – nur geriet er durch die Forderung Karls in eine böse Zwickmühle. Den aquitanischen Herzog Waifar nämlich hatte eine enge Freundschaft mit Tassilos verstorbenem Vater Odilo verbunden; auch zwischen Tassilo und dem Aquitanier bestand bestes Einvernehmen, und deshalb wäre eine Militäraktion des Bajuwarenherzogs gegen Waifar eine Schandtat sondergleichen gewesen.

Infolgedessen wehrte sich Tassilo entschieden gegen das fränkische Verlangen; letztlich allerdings zog er den kürzeren und mußte den Franken ein Truppenkontingent stellen, das er selbst ins heutige Südfrankreich führte. Ehe es dort jedoch tatsächlich zum Blutvergießen zwischen Bajuwaren und Aquitaniern kam, griff Tassilo zu einer List. Er sandte seinem Widersacher Karl, der den Oberbefehl über die verschiedenen fränkischen Heeresabteilungen hatte, eine Meldung, wonach unter seinen bajuwarischen Truppen eine Seuche ausgebrochen sei und er es nicht verantworten könne, mit den kranken Kriegern ins Gefecht zu gehen. Kaum war der Bote an Karl abgeritten, trat Tassilo mit seinen Männern den Rückzug in die Heimat an; da Karl wenig später in erste Kämpfe mit Waifar verwickelt wurde, vermochte er den Bajuwarenherzog nicht aufzuhalten.

Nach dem Ende des Krieges freilich trachtete Karl nach Vergeltung und bereitete eine militärische Strafexpedition nach Regensburg vor. Tassilo konnte den Frankeneinfall aber verhindern, indem er den Papst um Vermittlung bat, der sich zu jener Zeit auf einem Reichstag in Worms aufhielt. Der Pontifex brachte Karl dazu, seine Kriegspläne aufzugeben; allerdings sah sich Tassilo schon bald einem neuen Intrigenspiel seines fränkischen Verwandten ausgesetzt. Karl warf ihm jetzt nämlich vor, mit den heidnischen Awaren unter einer Decke zu stecken, was den Bajuwarenherzog in den Augen des christlichen Adels und der Kirche schwer desavouieren mußte.

Historische Tatsache ist, daß Tassilo es durch kluge Diplomatie geschafft hatte, den seit Jahrhunderten schwelenden Konflikt mit den östlich des bajuwarischen Siedlungsgebietes lebenden Awaren zu beenden. Nun trieb man Handel mit den Steppenbewohnern, und es kam auch zum geistigen Austausch mit den Awaren; einzelne Sippen im Grenzgebiet nahmen sogar aus freien Stücken den christlichen Glauben an. Schon allein dadurch hatte Tassilo letztlich mehr erreicht als die fränkischen Missionare, die anderswo Zwangsbekehrungen mit Feuer und Schwert durchführten; es war also eine Infamie Karls, dem Herzog unterschwellig einen Verrat am Christentum zu unterstellen. Doch der Franke tat es, um die Position des bajuwarischen Herrschers, den er maßlos gehaßt haben muß, zu schwächen; bereits in jenen Jahren nach 763 scheint Karl gezielt den späteren Sturz und die Ausrottung der Agilolfingerdynastie vorbereitet zu haben.

Vorerst aber vermochte Tassilo noch auf seine – ungleich friedlichere – Art dagegenzuhalten. Durch eine Reihe von Klostergründungen bewies er, daß er ein treuer Sohn der Kirche war. Kremsmünster, Innichen, Mattsee, Wessobrunn, Münchsmünster, Moosburg, Thierhaupten, Frauenchiemsee, St. Florian – alle diese Abteien verdanken ihre Existenz dem letzten Herzog aus dem Geschlecht der Agilolfinger. Karl indessen intrigierte weiter gegen Tassilo, und die Gefahr für den bajuwarischen Herrscher wuchs, als Anno 768 König Pippin starb und Karl zusammen mit seinem jüngeren Bruder Karlmann die Nachfolge antrat. Denn jetzt hatte König Karl völlig freie Hand, um seine skrupellosen Großmachtpläne zu verwirklichen.

Nur drei Jahre regierten die Söhne Pippins gemeinsam; im Dezember 771 verstarb der erst zwanzigjährige Karlmann ganz plötzlich in der Pfalz von Samoussy. Die genauen Todesumstände sind ungeklärt; es ist jedoch sehr wahrscheinlich, daß Karlmann im Auftrag Karls ermordet wurde. Dieser riß sofort den Territorialbesitz seines Bruders – unter anderem Burgund, die Provence und das Elsaß – an sich und brachte dadurch Karlmanns Söhne um ihr Erbe. Ebenso bestritt er ihren rechtmäßigen Anspruch auf Mitregentschaft im Frankenreich und warf sich damit selbst zum Alleinherrscher auf. Eiskalt hatte Karl nach der absoluten Macht gegriffen; der Staatsstreich war möglich gewesen, weil Papst Stephan III. das kriminelle Vorgehen des Frankenkönigs sanktioniert hatte.

Mit Unterstützung dieses Papstes konnte Karl 772 auch seine Gattin Desiderata, eine Tochter des Langobardenkönigs Desiderius, verstoßen. Desiderata floh zusammen mit Karlmanns Witwe und deren Söhnen ins norditalienische Langobardenreich; der Frankenkönig wiederum nahm dies zum Anlaß, die Langobarden, welche in Italien politisch mit dem Papsttum rivalisierten, anzugreifen. Dadurch aber brachte Karl den Bajuwarenherzog Tassilo nun erneut – und zweifellos gezielt – in eine Zwickmühle. Tassilos Ehefrau Liutpirc war nämlich ebenfalls eine Tochter von König Desiderius, und daher befand sich der Herzog jetzt in einer ähnlich ausweglosen Situation wie seinerzeit in Aquitanien: Sein Vasalleneid verpflichtete ihn zum Kriegsdienst im fränkischen Heer, sein militärischer Gegner aber wäre der eigene Schwiegervater gewesen. Abermals traf Tassilo die einzig anständige Entscheidung und verweigerte Karl die Heerfolge. Dieser verleumdete Tassilo daraufhin neuerlich, indem er verbreitete, der Herzog sei nicht nur ihm gegenüber treulos, sondern zudem – weil der Kriegszug gegen die Langobarden auch päpstlichen Interessen diente – kirchenfeindlich eingestellt.

So erreichte Karl, daß sich zahlreiche Adlige und Kleriker von Tassilo abwandten; selbst im eigenen Land wuchs die Opposition gegen den Agilolfingerherzog stark an. Insbesondere intrigierten die bajuwarischen Kirchenfürsten; als schlimmster innerer Feind Tassilos entpuppte sich Bischof Arbeo von Freising, welcher den Herzog während der folgenden Jahre in seinen Predigten und Schriften immer wieder attackierte. Es waren jene Jahre, in denen andererseits Tassilo sehr humane und fortschrittliche Gesetze erließ; einer seiner Erlasse räumte den Frauen unter bestimmten Voraussetzungen das Recht auf Scheidung ein, außerdem unterzeichnete der Herzog das erste und damit bahnbrechende deutsche Schulgesetz.

Tassilos Todfeind Karl hingegen tat sich in dieser Zeit auf ganz andere, keineswegs menschenfreundliche Art hervor. Bis 774 zerschlug er in blutigen Kriegen das Langobardenreich und teilte das okkupierte Land zwischen sich und dem Papst auf. Anschließend fiel er mit seiner geballten Militärmacht in zahlreichen Feldzügen über die Sachsen her, trug den Terror bis an die Nordseeküste und führte zwischendurch auch noch Raubkriege in Spanien. Anno 782 ließ er bei Verden an der Aller viertausendfünfhundert sächsische Kriegsgefangene abschlachten und befahl 785 die Zwangstaufe und Zwangsumsiedelung Zehntausender Bauernfamilien aus dem mittlerweile so gut wie wehrlosen Volk der Sachsen.

Anno 787 dann beschloß der Frankenkönig die Vernichtung des bajuwarischen Stammesherzogtums; des einzigen seiner Art, das sich im Reichsgebiet bis dahin noch behauptet hatte. Der erste Paukenschlag kam aus Rom; der jetzt regierende Papst Hadrian I. warf Tassilo einmal mehr dessen versöhnliche Awarenpolitik vor und beschuldigte ihn, mit dem heidnischen Reitervolk im Komplott gegen das Reich zu sein. Der Bajuwarenherzog stellte die Dinge richtig und bot dem Papst an, einen Ausgleich mit Karl zu suchen; Hadrian, so Tassilos Vorschlag, sollte dabei vermitteln. Das jedoch lehnte der Papst ab; auch sonst blieb er unversöhnlich gegenüber dem Herzog – und in dieser für Tassilo ohnehin schon schwierigen Situation ging der Frankenkönig zum Angriff über.

An der Spitze eines aus Franken, Thüringern und Sachsen bestehenden Heeres fiel Karl in das Herrschaftsgebiet Tassilos ein; bei Augsburg kam es zur Schlacht. Im entscheidenden Moment wurde der bajuwarische Herzog von einem Großteil seiner Vasallen im Stich gelassen; fränkische Intrigen, Bestechungsgelder und Drohungen hatten die Adligen zum Abfall von Tassilo bewogen. Der Bajuwarenherzog unterlag dem Frankenkönig, der ihm zeitlebens nur Feindschaft entgegengebracht hatte; Karl demütigte Tassilo auf dem Schlachtfeld, indem er ihn kniefällig um sein Leben bitten ließ.

Nach dieser Schmach kehrte der geschlagene Herzog nach Regensburg zurück, saß allerdings nur noch für kurze Zeit auf dem Thron. Bereits 788 befahl Karl ihn samt seiner Familie zu einem Hoftag in Ingelheim, und dort erhob der König Anklage wegen Hochverrats gegen ihn. Man warf Tassilo vor, ein gegen das Fränkische Reich gerichtetes Bündnis mit den Awaren eingegangen zu sein und die römische Kirche geschädigt zu haben; ferner beschuldigte man ihn wegen seines militärischen Rückzugs Anno 763 in Aquitanien der Fahnenflucht und des Eidbruches.

Am Ende des Prozesses verurteilte Karl seinen Vetter persönlich zum Tode; Tassilos Gemahlin Liutpirc und die Kinder des Herzogspaars wurden verhaftet. Und dies alles geschah, obwohl der Frankenkönig gar kein Recht gehabt hätte, über den Bajuwarenherzog zu Gericht zu sitzen. Denn Tassilo war aufgrund der »Lex Baiuvariorum« souveräner Herrscher im eigenen Land und besaß von daher auch nach Reichsrecht politische Immunität. Doch Karl fügte, als der Herzog ihm dies während des Prozesses vorhielt, dem alten bajuwarischen Recht eigenmächtig und zutiefst despotisch einen

Artikel hinzu: Ungehorsam eines Bajuwarenherzogs gegen den Frankenkönig sei ein todeswürdiges Delikt.

Die hochkriminelle Politintrige, deren Fäden Karl über ein Vierteljahrhundert hinweg so raffiniert gezogen hatte, war nach der widerrechtlichen Verurteilung Tassilos zum Abschluß gebracht. Die Dynastie der Agilolfinger war gestürzt; der letzte Herrscher des von den Merowingerkönigen abstammenden bajuwarischen Fürstenhauses befand sich mitsamt seiner Familie in der Gewalt des Frankenkönigs. Und unter diesen Umständen konnte es sich Karl nun sogar leisten, das Todesurteil gegen Tassilo nicht zu vollstrecken. In einem »Gnadenakt«, wie es nach außen hin dargestellt wurde, verfügte der Frankenkönig, daß der abgesetzte Herzog in der Abtei St. Goar in Klosterhaft gehalten werden sollte. Damit verschwand Tassilo III. aus der Geschichte; sein Leiden war aber noch längst nicht beendet, denn Karl beging weitere Verbrechen an seinem Verwandten, und eines davon war von äußerster Grausamkeit.

Zunächst wurde der Herzog im Kloster St. Goar skrupellos und im völligen Widerspruch zu den Evangelien gedemütigt. Man zwang ihn, die Mönchsgelübde abzulegen; Tassilo mußte Armut, Keuschheit und Gehorsam schwören. Das bedeutete konkret, daß er seinen immensen Besitz restlos an den König verlor; ferner durfte er nicht länger ehelich mit seiner ebenfalls in St. Goar gefangengehaltenen Gemahlin Liutpirc verkehren, und außerdem mußte er jeden Befehl befolgen, den der Abt des Klosters ihm erteilte. Zum äußeren Zeichen seines nunmehr völlig rechtlosen Mönchsstatus schor man dem gestürzten Herzog das lange Haar; dasselbe für Adlige zutiefst erniedrigende Schicksal erlitten in St. Goar seine Söhne Theodo und Theodebert.

Später brachte man Tassilo in die Abtei von Jumièges, wo er jahrelang in einer düsteren Zelle vegetierte; angesichts seiner früheren fürstlichen Stellung war dies brutale psychologische Folter. Sein dritter Verbannungsort schließlich war das von Karl gegründete Reichskloster Lorsch im heutigen Hessen, und dort soll auf Befehl Karls die letzte und fürchterlichste Untat an dem Gefangenen begangen worden sein. Zwar gibt es – naturgemäß – keine schriftlichen Aufzeichnungen darüber, aber die mündliche Volksüberlieferung, wonach der Frankenkönig seinen Verwandten blenden ließ, hat sich hartnäckig über die Jahrhunderte hinweg gehalten.

Es ist deshalb sehr wahrscheinlich, daß die Schergen Karls den entmachteten Bajuwarenherzog irgendwann zwischen 790 und 800 aus seiner Zelle zerrten und ihn in den Folterkeller der Reichsabtei schleppten. Und in diesem, von flackernden Pechkerzen beleuchteten Gewölbe wartete der Henker und raubte Tassilo das Augenlicht – entweder indem er ihm die Augenhöhlen mit einem Dolch durchbohrte, oder indem er seinem Opfer ein glühendes Stück Eisen quer über die Nasenwurzel preßte.

Diese beiden Methoden der Blendung sind aus der Geschichte bekannt; ob der Herzog die Tortur überlebte oder schon bald darauf an seinen Verletzungen starb, weiß die Überlieferung nicht. Aber falls Tassilo sich nicht mehr von seinen grausamen Wunden erholte, hätte der Frankenkönig als Krönung seiner Verbrechen am letzten Herzog der Bajuwaren auch noch einen Verwandtenmord begangen.

Der Gewaltstreich des Löwen
Ein Akt herzoglicher Wirtschaftskriminalität

Weithin im Isartal hatte der Freisinger Domberg nicht seinesgleichen. Stolz ragten die Türme der Kathedrale und der Bischofsresidenz gen Himmel; Wohn- und Wirtschaftsgebäude gruppierten sich ringsum, die gesamte Anlage wurde von einer Wehrmauer geschützt. Der Berg bot einen trutzig-majestätischen Anblick und stellte eines der wichtigsten kirchlichen Machtzentren im hochmittelalterlichen Deutschland dar; das von hier aus regierte Bistum Freising, bereits 739 errichtet, zählte zu den ältesten des Reiches.

Jetzt, in der Mitte des 12. Jahrhunderts, hatte der Domberg noch zusätzliche Bedeutung gewonnen. Denn Bischof Otto von Freising, ein Bruder des österreichischen Herzogs Heinrich Jasomirgott von Babenberg, galt als einer der berühmtesten Geschichtsschreiber und Denker seiner Zeit. Er war ein Mann, welcher das Geistesleben Deutschlands durch seine Schriften entscheidend prägte – und womöglich war er auch an jenem Frühlingstag Anno 1158 wieder mit der Arbeit an einem seiner Werke beschäftigt.

Man kann sich die Szene gut ausmalen, wie Otto im Gemach auf und ab schritt; seine Gedanken diktierte er, wie im Mittelalter für einen hochgestellten Gelehrten üblich, einem schreibkundigen Mönch. Während die Gänsefeder des Skribenten über das Pergament glitt, blieb der Bischof gelegentlich am Fenster stehen. Sein Blick ging dann über die Dächer der am Fuß des Domberges liegenden Stadt Freising ins breite, von Altwässern und Auwäldchen gesprenkelte Tal der Isar hinaus. Die Kiesbänke des Flusses spiegelten glitzernd das Sonnenlicht wider; auf den Ackerbreiten oberhalb der Überschwemmungszone waren da und dort Bauern bei der Feldarbeit zu erkennen. Die Stimmung hätte friedlicher nicht sein können – plötzlich jedoch wurde der Kirchenfürst auf den Reiter aufmerksam, der sich rasch, allzu rasch, von Süden näherte, und instinktiv spürte Otto, daß ein Unheil geschehen war.

Wenig später bekam der Kirchenfürst Gewißheit. Der Bote, ein völlig erschöpfter Reisiger aus dem fünf Wegstunden flußaufwärts gelegenen bischöflichen Markt- und Zollort Feringa, brachte eine schreckliche Nachricht. Der Löwe, stieß er hervor, habe wie ein Wahnsinniger in Feringa gewütet; es seien Tote, Verletzte und schwerste Brandschäden zu beklagen. Otto erbleichte; gleich darauf gab er den Männern, die zusammen mit dem Unglücksboten ins Gemach gekommen waren, den Befehl, eine bewaffnete Eskorte für ihn zusammenzustellen.

Als Otto von Freising mit seiner Bedeckung in Feringa eintraf, bot sich ihm ein Bild des Grauens. Sämtliche Häuser des tags zuvor noch blühenden Ortes am rechten Isarufer waren ein Raub der Flammen geworden. Mehrere bischöfliche Reisige, die bei der verzweifelten Verteidigung des Marktfleckens den Tod gefunden hatten, lagen abseits auf der Erde; zahlreiche Bürger hatten sich beim Versuch, ihr Hab und Gut aus den brennenden Häusern zu retten, Brandwunden zugezogen. Darüber hinaus – und dies schien den Kirchenfürsten am meisten zu treffen – war die Holzbrücke über die Isar verschwunden; nur die schweren, in den Stromgrund gerammten Tragepfosten ragten noch aus den Wasserstrudeln.

Bereits in seiner Residenz hatte Otto von Freising in groben Zügen erfahren, was passiert war; nun hörte er von den vielen Augenzeugen Einzelheiten. Völlig unvermittelt, so die überlebenden Reisigen und verstörten Bewohner von Feringa, seien die fremden Kriegsknechte im Morgengrauen aufgetaucht; an ihren Wappenfarben habe man sie als Männer des Bayernherzogs, Heinrichs des Löwen, erkannt. Aufgrund ihrer Übermacht hätten sie den Ort blitzschnell gestürmt; Feuerbrände seien ins Stroh der Hausdächer geflogen, danach seien die berittenen Angreifer zur Brücke vorgedrungen. Nach kurzem Kampf mit den bischöflichen Bewaffneten dort hätten die Herzoglichen die Oberhand gewonnen und sich darangemacht, die Zollbrücke niederzuwerfen. Taue seien um die Balken und Planken geschlungen worden, dann hätten die Kriegsrösser den ganzen Brückenaufbau in den Fluß gerissen. Zuletzt, nachdem sie ihr Zerstörungswerk vollendet hätten, seien die herzoglichen Reiter hohnlachend wieder verschwunden.

Von äußerstem Zorn erfüllt, kehrte Otto von Freising in seine Residenz zurück; der Anschlag Heinrichs des Löwen, des Welfenherzogs, der seit knapp zwei Jahren in Bayern regierte, hatte ihn zutiefst getroffen. Denn der heimtückische Überfall hatte nicht nur Menschenleben und Sachwerte vernichtet, sondern stellte darüber hinaus einen höchst empfindlichen wirtschaftlichen Schlag gegen das Freisinger Bistum dar.

Über die Isarbrücke von Feringa nämlich waren bis zu diesem Tag die von Reichenhall kommenden Salzfuhrwerke gerollt, um ihre wertvolle Ladung weiter nach Westen zu bringen, und für jeden Frachtwagen hatten die Fuhrleute beträchtliche Mautgebühren an die bischöflichen Zöllner entrichten müssen. So war ein ständiger Strom von Geld in die Freisinger Kassen geflossen; zusätzliche Profite hatte der Handel mit Salz und anderen Waren direkt im Marktort gebracht. Jetzt aber, da sowohl die Zollbrücke als auch die Gebäude des Marktfleckens dem herzoglichen Vandalismus zum Opfer gefallen waren, mußte dieser Geldstrom versiegen; über Nacht hatte das Bistum Freising eine seiner wichtigsten Einnahmequellen verloren.

Angesichts dessen entschloß sich Bischof Otto, unverzüglich Klage gegen den Herzog bei Kaiser Friedrich I. Barbarossa zu erheben. Wahrscheinlich schon am folgenden Tag ritt ein Kurier Richtung Augsburg ab, wo sich der Monarch zu diesem Zeitpunkt aufhielt; in der Satteltasche führte der Bote das geharnischte Beschwerdeschreiben des Freisinger Kirchenfürsten mit sich. Doch noch ehe der Kurier in der Reichsstadt am Lech eintraf, schlug Heinrich der Löwe abermals zu. In aller Eile wurde auf seinen Befehl hin eine Wegstunde südlich von Feringa bei einem bis dahin völlig unbedeutenden herzoglichen Dorf mit dem seltsamen Namen »Ze den Munichen« mit dem Bau einer neuen Isarbrücke begonnen. Und dorthin leiteten Heinrichs Reisige nun den Salzhandel um, so daß der Herzog den Frachtzoll, der bisher an den Bischof von Freising gegangen war, für sich erheben lassen konnte.

Die kriminelle Tat Heinrichs des Löwen war damit perfekt; es handelte sich – objektiv betrachtet – um ein mittelalterliches Wirtschaftsverbrechen ganz großen Stils. Was diesen Coup freilich einzigartig machte, waren seine Spätfolgen; Auswirkungen, die selbst der gerissene Welfenherzog bestimmt nicht vorhergesehen hatte. Bevor wir jedoch näher darauf eingehen, wollen wir uns zunächst mit der Vorgeschichte der Brückenzerstörung in Feringa und des Brückenbaus beim Dorf »Ze den Munichen« beschäftigen.

***

Der Konflikt zwischen dem Kirchenfürsten und Heinrich dem Löwen war schon Anno 1150 ausgebrochen. Damals hatte der ehrgeizige Welfe, der seit 1142 bereits Herzog von Sachsen war, auf einem Reichstag in Würzburg zusätzlich Anspruch auf das bayerische Herzogtum erhoben. In Bayern aber regierte zu jener Zeit der Babenberger Heinrich Jasomirgott, der Bruder des Freisinger Bischofs, und es war keine Frage, auf welcher Seite dieser stand. Vier Jahre kämpften Babenberger und Welfen mit harten diplomatischen Bandagen gegeneinander, Anno 1154 dann neigte sich die Waagschale zugunsten des Sachsenherzogs.

Denn auf einem Reichstag in Goslar, der im Juni des genannten Jahres stattfand, versprach Heinrich der Löwe dem jungen König Friedrich I., ihn mit starker Heeresmacht auf seinem bevorstehenden ersten Italienzug zu begleiten. Der Stauferkönig mußte diesen Feldzug unternehmen, um seine Kaiserkrönung in Rom durchzusetzen; die Unterstützung durch den Sachsenherzog würde ihn seinem Ziel einen großen Schritt näherbringen. Aus Dankbarkeit gegenüber Heinrich dem Löwen entzog Friedrich auf dem Goslarer Reichstag dem Babenberger Heinrich Jasomirgott in dessen Abwesenheit das Herzogtum Bayern und belehnte den Welfen damit. Anschließend, im Winter von 1154 auf 1155, zog das deutsche Heer nach Italien, und König Friedrich wurde vom Papst zum Kaiser gekrönt.

Heinrich Jasomirgott wiederum, der verprellt in Deutschland geblieben war, weigerte sich zunächst, Friedrichs Entscheidung anzuerkennen. Massiv unterstützt von seinem Bruder, dem Freisinger Bischof Otto, versuchte er, seine Herrschaft in Bayern zu behaupten. Erst im Juni 1156 verzichtete er auf die bayerische Herzogswürde und gab sich mit der Markgrafschaft Österreich zufrieden, die vom Kaiser im genannten Jahr in ein Herzogtum umgewandelt wurde. Heinrich Jasomirgott hatte also quasi seinen Thron in Bayern mit dem neugeschaffenen österreichischen Herzogsthron vertauscht und damit zumindest keinen substantiellen Machtverlust erlitten.

Doch sein Groll gegen Heinrich den Löwen blieb; ebenso fiel es seinem Bruder, Bischof Otto von Freising, schwer, sich dem neuen bayerischen Landesherrn zu beugen. Dies um so mehr, als der Welfenherzog sofort nach seiner Belehnung mit dem Herzogtum Bayern daranging, seine eigene Position zu stärken und diejenige der Kirche, insbesondere des Freisinger Bistums, zu schwächen. Eine persönliche, durchaus nachvollziehbare Feindschaft zwischen dem Kirchenfürsten und dem Herzog spielte dabei sicher eine Rolle. Knapp zwei Jahre schwelte der Konflikt, und es kam zu verschiedenen kleineren gegenseitigen Übergriffen – bis Heinrich der Löwe schließlich im Frühling 1158 zum entscheidenden Schlag ausholte, den Zoll- und Marktort Feringa samt der so wichtigen Isarbrücke zerstören ließ und Otto von Freising damit einer seiner wichtigsten Einnahmequellen beraubte.

***

Aufgrund der tiefgreifenden Rivalität, die den Herzog und ihn zu Feinden machte, hätte der Bischof eigentlich damit rechnen müssen, daß der als jähzornig und gewalttätig bekannte Heinrich der Löwe eines Tages mit harter Faust gegen ihn vorgehen würde. Jetzt freilich war Otto von Freising überrumpelt worden; es blieb ihm nur noch die Möglichkeit, sich an Kaiser Friedrich zu wenden, geharnischten Protest gegen den Willkürakt des Welfen zu erheben und sein Recht auf dem Klageweg zu suchen.

In der Tat handelte Barbarossa rasch; schon am 14. Juni 1158 verkündete er in Augsburg sein Urteil im Streit zwischen Heinrich dem Löwen und dem Freisinger Bischof. Der kaiserliche Richterspruch allerdings fiel keineswegs im Sinne des Kirchenfürsten, sondern zugunsten des Herzogs aus. Barbarossa nämlich entschied, daß der bischöfliche Ort Feringa seine Marktrechte sowie das Privileg, eine Zollbrücke zu unterhalten und auf ihr Maut zu erheben, für alle Zukunft verlieren sollte. Die Markt- und Zollrechte wurden auf das herzogliche Dorf »Ze den Munichen« übertragen; einen mehr oder weniger bescheidenen Ausgleich dafür gestand der Kaiser dem Bischof freilich zu: Heinrich der Löwe sollte ein Drittel seiner Einkünfte aus dem neuen Brückenort an Otto von Freising abführen. In der Urteilsurkunde, dem sogenannten »Augsburger Schied«, taucht der Name »Munichen« erstmals in der bayerischen Geschichte schriftlich auf; deshalb sollte dieses Dokument in späteren Jahrhunderten noch immense Bedeutung gewinnen. Im Sommer 1158 jedoch stellte das Schriftstück zumindest für den Freisinger Bischof ein gewaltiges Ärgernis dar; dies um so mehr, als das bis dahin so unscheinbare Dorf Munichen nun einen ganz erstaunlich schnellen Aufschwung nahm.

✻✻✻

Bereits unmittelbar nach der Zerstörung Feringas im Frühling 1158 hatte der geschäftstüchtige Welfenherzog die Errichtung einer neuen Brücke bei der Ansiedlung Munichen veranlaßt; möglichst rasch hatten die Bauleute – eine Isarinsel mit einbeziehend – die schweren Eichenpfosten in den Flußgrund gerammt, die Stämme mit Balken verbunden und den Brückenaufbau gezimmert. Während die Handwerker an der Arbeit gewesen waren, hatten Reisige des Herzogs Posten entlang der von Reichenhall ins Isartal und dann weiter nach Westen führenden Salzstraße bezogen und den Fuhrleuten klargemacht, daß sie den Fluß von jetzt an beim Dorf Munichen überqueren mußten. Die ersten Tage hatten sich die Frachtwagen noch vor dem neuen Stromübergang gestaut, aber dann war die Zollabfertigung wieder in Gang gekommen, und nun hatte Heinrich der Löwe Tag für Tag den Nutzen davon.

Der Herzog zog reichen Gewinn aus der Brückenmaut und bald auch aus den Marktprivilegien, die er der rapide wachsenden Ansiedlung Munichen gewährte; als er dort zusätzlich eine Münzstätte etablierte, stiegen seine Profite abermals. Noch ehe das Jahr 1158 zu Ende ging, prosperierte der Marktort bereits so sehr, daß Bischof Otto es offenbar nicht länger mit ansehen mochte. Der von Heinrich dem Löwen um einen beträchtlichen Teil seiner Einkünfte betrogene Kirchenfürst verließ den Freisinger Domberg und zog sich im September 1158 in das burgundische Kloster Morimond zurück. Dort verstarb er, kurz vor seinem fünfzigsten Geburtstag, noch im gleichen Jahr; nicht ohne leise Ironie meint der bayerische Schriftsteller Georg Lohmeier dazu, der Ärger über den Welfenherzog hätte den Bischof allzu früh ins Grab gebracht.

Objektiv betrachtet, hatte sich Heinrich der Löwe tatsächlich ein skrupelloses Wirtschaftsverbrechen geleistet. Gewaltsam hatte er Privilegien an sich gerissen, die ihm rechtlich keinesfalls zustanden; es war ihm möglich gewesen, weil der politisch außerordentlich mächtige Herzog von Bayern und Sachsen auf kaiserlichen Schutz, respektive die Bereitschaft Barbarossas zu einer eklatanten Rechtsbeugung bauen konnte. So gesehen, erscheint Heinrichs Untat doppelt verabscheuungswürdig; andererseits jedoch dürfen bei der Bewertung dieses Kriminalfalles des 12. Jahrhunderts dessen spätere historische Auswirkungen nicht unbeachtet bleiben – und die waren durchaus positiv.

Der Welfenherzog tat nämlich alles, um den Markt- und Zollort Munichen weiter emporzubringen. Schon bald erhielt die Ansiedlung eine starke Ummauerung, in deren Schutz sich zahlreiche Neubürger niederließen. Die schlichte Dorfkirche wurde durch eine prächtige, St. Peter geweihte Pfarrkirche ersetzt; innerhalb der Mauern ließ Heinrich der Löwe neue Straßenzüge anlegen. Der Landesherr hielt sich oft in Munichen auf und erfreute sich an dem stetigen Aufschwung, den der von ihm »gegründete« Ort nahm.

Anno 1180 allerdings bekam der Herzog, wenn man so will, die Strafe für den verbrecherischen Tort, den er Otto von Freising angetan hatte. Schon 1176 waren Heinrich der Löwe und Kaiser Friedrich Barbarossa in Streit geraten, weil der bayerische und sächsische Herzog dem Monarchen die Heerfolge in dessen Kämpfen gegen die damals rebellierenden lombardischen Städte verweigert hatte. Der Konflikt schwelte bis 1180; in jenem Jahr dann erklärte der Kaiser den Welfen in die Acht, entzog ihm die Herrschaft über seine beiden Herzogtümer und verbannte Heinrich auf dessen Güter im Raum Braunschweig-Lüneburg.

Auf den bayerischen Herzogsthron gelangte Otto I. von Wittelsbach; er wurde damit auch zum Herrn über den befestigten Zoll-

und Marktort Munichen und förderte ihn ebenso wie sein Vorgänger Heinrich. Dasselbe galt für Ottos Nachfolger, die im 13. Jahrhundert in Munichen eine Herzogsburg errichteten und zügig weiter ausbauten; Anno 1255 wählte Herzog Ludwig der Strenge, der ab diesem Jahr das Teilherzogtum Oberbayern sowie die Rheinpfalz regierte, die nunmehrige Stadt zu seinem Herrschaftssitz. Dies stärkte Munichens Bedeutung noch einmal enorm; es entstanden Klöster und zusätzliche Wohnviertel außerhalb des alten Mauerberings, und auch diese wurden im frühen 14. Jahrhundert mit einer weiter ausgreifenden Wehrmauer umgeben. Abermals zweihundert Jahre später, als die bayerischen Teilherzogtümer endgültig wieder zu einem Ganzen vereinigt wurden, erhob Albrecht IV. Munichen zur Residenz des gesamten Herzogtums – nur sprach man den Namen der Stadt an der Isar mittlerweile etwas anders aus; man sagte nämlich jetzt ein wenig knapper: München.

Aus dem einst völlig bedeutungslosen Dorf des 12. Jahrhunderts, das eine Wegstunde südlich von Feringa – oder Oberföhring – gelegen hatte, war die bayerische Metropole geworden; in der Moderne wuchs München zu einer Großstadt von europäischem Rang heran. Aber diese Entwicklung wäre nicht möglich gewesen, wenn Heinrich der Löwe sich wegen der Brückenzölle und Marktrechte an der Isar friedlich mit dem Freisinger Bischof verglichen hätte. Nur weil der Welfenherzog selbst vor einem Verbrechen nicht zurückscheute, um die einträglichen Regalien in die Hände zu bekommen, konnte das ehemalige Dorf Munichen seinen Aufschwung zum heutigen »Millionendorf« München nehmen.

Der Meuchelmord von Kelheim
Ein Racheakt am Hause Wittelsbach

Man schrieb den 15. September 1231. Am Morgen dieses Spätsommertages verließ der bayerische Herzog Ludwig I. von Wittelsbach seine auf einer Donauinsel gelegene Burg Keltege zu Fuß und begab sich zu der Holzbrücke, welche die Festung mit der ummauerten Stadt Kelheim am nördlichen Stromufer verband. Der sechsundfünfzigjährige Landesherr wurde von seinem Sohn Otto begleitet; den beiden Wittelsbachern folgten mehrere Ritter sowie etliche Höflinge, welche die Hunde der Herzogin Ludmilla mit sich führten. Ludwig I. beabsichtigte, einen Inspektionsgang durch Kelheim zu unternehmen; dies geschah täglich, wenn er auf Burg Keltege, wo er geboren war, weilte.

Als der Herzog über die Brücke schritt, kam ihm von der Stadtseite her ein fremdländisch wirkender Mann entgegen, dessen Hautfarbe auffallend dunkel war. Der Unbekannte näherte sich Ludwig in der Art eines Bittstellers – plötzlich jedoch zückte der Fremde einen Dolch und stieß mit aller Kraft zu. Die scharfe Klinge durchbohrte den Hals des Bayernherzogs; sterbend brach Ludwig I. von Wittelsbach zusammen.

Der Meuchelmörder folgte seinem Opfer fast augenblicklich in den Tod. Nachdem Ludwigs Ritter ihre Schrecksekunde überwunden hatten, rissen sie die Schwerter aus den Scheiden und fielen über den Attentäter her. Sie hieben den Mörder buchstäblich in Stücke; erst als nur noch der blutüberströmte Torso des dunkelhäutigen Fremden auf der Brücke lag, hielten die Gefolgsleute des Herzogs ein. Der tückische Meuchelmord war auf der Stelle gesühnt worden – freilich bedeutete das auch, daß der Attentäter nicht mehr verhört werden konnte. Seine Tatmotive blieben völlig im dunkeln; der Mann mochte schlicht geistesgestört gewesen sein, oder – und dies ist sehr viel wahrscheinlicher – er war von mächtigen Auftraggebern zu seiner schrecklichen Tat angestiftet worden.

Über deren Identität setzte nunmehr ein großes Rätselraten ein. Die bayerischen Adligen, von denen viele an Ludwigs Beisetzung in der Gruft der Klosterkirche von Scheyern teilnahmen, zerbrachen sich die Köpfe; dasselbe galt für die Bürger und Bauern landauf, landab. Aber die Hintergründe des Mordanschlages konnten nie wirklich geklärt werden; es gibt lediglich eine Reihe von Indizien, die auf eventuelle Hintermänner des Attentats von Kelheim hinweisen.

***

Um zu begreifen, wo die Gründe für den Meuchelmord zu suchen sein könnten, ist es zunächst nötig, die Herkunft und das äußerst bewegte Leben Ludwigs I., des Kelheimers, wie er nach seinem gewaltsamen Tod vor den Toren der Donaustadt bald genannt wurde, näher zu betrachten.

Erst am 16. September 1180 – fast auf den Tag genau einundfünfzig Jahre vor dem Attentat – war die bayerische Herzogswürde an das bis dahin nicht sonderlich bedeutende Haus Wittelsbach gekommen. Der Stauferkaiser Friedrich I. Barbarossa hatte damals dem letzten Welfenherzog Heinrich dem Löwen die Herrschaft über die beiden Herzogtümer Sachsen und Bayern entzogen und ihn geächtet. Anstelle Heinrichs war Ludwigs Vater, Pfalzgraf Otto von Wittelsbach, zum neuen bayerischen Herzog erhoben worden. Dies machte bei den anderen Grafengeschlechtern Bayerns böses Blut; vor allem die Bogener und Andechser Grafen, die über eine ungleich größere Hausmacht verfügten als die Wittelsbacher, waren mit der kaiserlichen Entscheidung keineswegs einverstanden. Herzog Otto I. von Wittelsbach führte Krieg gegen den Grafen von Bogen und lag häufig im Streit mit den Andechsern; als er 1183, nur drei Jahre nach seiner Erhöhung, verstarb, saß das wittelsbachische Geschlecht noch nicht besonders fest im Sattel.

Ottos Sohn Ludwig war zu diesem Zeitpunkt gerade neunjährig. Zwar trat er nominell sofort die Regierung an, stand aber zunächst unter der Vormundschaft seiner Mutter und seiner Onkel. Immer wieder mußte sich die Familie gegen den rebellischen bayerischen Adel behaupten; es kam zu weiteren Fehden, Intrigen und anderen Auseinandersetzungen. Erst als der nach dem Tod Barbarossas ab

1190 regierende Stauferkönig Heinrich VI. dem jugendlichen Wittelsbacher Herzog den Rücken stärkte, kehrte in Bayern vorübergehend Ruhe ein. 1191 kam für den jetzt siebzehnjährigen Ludwig das Ende der Vormundschaft; 1193 und dann wieder 1197 begleitete er Heinrich VI. nach Apulien und Sizilien, wo der Stauferkönig seinerseits um die Macht kämpfen mußte. In diesen Kriegen entstand zwischen dem jungen Wittelsbacher und dem König eine freundschaftliche Bindung, andererseits machte sich Ludwig zweifellos auch Feinde unter dem süditalienischen Adel.

Als Heinrich VI. Anno 1197 starb, trat der Staufer Philipp von Schwaben dessen Nachfolge auf dem Königsthron an. Herzog Ludwig von Bayern hatte auch zu ihm ein gutes Verhältnis und profitierte davon; dies äußerte sich unter anderem darin, daß seine Herrschaft in Bayern sich nun rasch konsolidierte. 1204 setzte der Herzog ein entsprechendes Zeichen, indem er die Stadt Landshut gründete; weitere Städtegründungen und damit beachtlicher Aufschwung im Land sollten im Verlauf der nächsten Jahrzehnte folgen. Ebenfalls 1204 gelang Ludwig ein besonders spektakulärer politischer Coup – er heiratete nämlich Ludmilla, die vierunddreißigjährige Witwe des Grafen Albert III. von Bogen. Diese Hochzeit stärkte seine Hausmacht enorm; zudem war er jetzt, da Ludmilla eine Nichte König Ottokars I. von Böhmen war, mit dem böhmischen Herrscherhaus verschwägert.

Vier Jahre nach dieser Eheschließung, am 21. Juni 1208, ereignete sich auf der Bamberger Königsburg eine schreckliche Bluttat. Pfalzgraf Otto VIII. von Wittelsbach, ein Vetter des Bayernherzogs, drang in die Gemächer Philipps von Schwaben ein, ging mit dem blanken Schwert auf den Monarchen los und ermordete ihn. Danach rettete sich der Pfalzgraf, der den König aus privaten Gründen gehaßt hatte, durch einen Sprung aus dem Fenster und entkam zunächst. Im März 1209 jedoch – mittlerweile saß der Welfe Otto IV. auf dem Königsthron – wurde der wittelsbachische Pfalzgraf, der unterdessen von Otto IV. für vogelfrei erklärt worden war, in der Nähe von Kelheim aufgespürt, überwältigt und enthauptet; seine Leiche warfen die Häscher in die Donau. Mönche des Klosters Indersdorf bargen den verstümmelten Körper, versteckten ihn in einem Faß und brachten ihn zu ihrer Abteikirche, wo sie ihn beisetzten.

Der Mörder hatte damit auf schaurige Weise seine letzte Ruhestätte gefunden; seine Stammburg Wittelsbach bei Aichach, die im Besitz der pfalzgräflichen und nicht der herzoglichen Linie des Geschlechts gewesen war, wurde geschleift. Der Fürst aber, welcher die Zerstörung der Veste befahl, war kein anderer als Herzog Ludwig von Bayern, einer der nächsten Verwandten des Attentäters. Der Bayernherzog hatte damit seine unabdingbare Treue zum neuen Welfenkönig Otto unter Beweis gestellt – und der Monarch belohnte ihn fürstlich dafür. Ludwig erhielt nicht nur das Reichslehen des toten Pfalzgrafen zugesprochen, sondern wurde zusätzlich mit der Markgrafschaft Istrien belehnt. Darüber hinaus gingen Weilheim, Wolfratshausen, Starnberg und Landsberg in herzoglichen Besitz über; Orte, die im Kernland der Andechser Grafen lagen. Dieses Geschlecht, das schon früher unter dem Aufstieg der Wittelsbacher gelitten hatte, wurde dadurch abermals schwer getroffen und in seiner Hausmacht weiter beschnitten.

Herzog Ludwig I. hingegen durfte sich in der Gunst Ottos IV. sonnen – allerdings nur bis zum September 1211. Zu diesem Zeitpunkt nämlich betrat eine der faszinierendsten Persönlichkeiten des Mittelalters die Bühne der Geschichte: der junge Staufer Friedrich II., der in jenem Frühherbst von einem Teil der deutschen Fürsten zum Gegenkönig Ottos IV. gewählt wurde. Friedrich, der in Sizilien erzogen worden war, marschierte an der Spitze eines Heeres in Deutschland ein; Ludwig von Wittelsbach, der bereits an der Seite von Friedrichs Vater Heinrich VI. gekämpft hatte, schlug sich sofort auf seine Seite. Schon im März 1212 freilich wechselte der Bayernherzog die Fronten und unterstützte nun wieder den Welfenkönig Otto; sein Lohn dafür waren neuerliche Territorialgewinne, insbesondere die begehrte Pfalzgrafschaft bei Rhein.

Die Kämpfe zwischen den Gegenkönigen dauerten bis 1214 an, dann mußte Otto IV. sich geschlagen geben. Ab 1215 saß Friedrich II. unangefochten auf dem Königsthron – und als einer seiner treuesten Vasallen galt jetzt erneut der Bayernherzog. Kurz vor Friedrichs Sieg hatte er sich wiederum auf dessen Seite gestellt und war seit 1215 einer der wichtigsten Berater des Monarchen, der 1220 auch zum Kaiser gekrönt wurde.

Im April 1221 dann erteilte Friedrich II. dem bayerischen Herzog den Auftrag, einen Kreuzzug nach Ägypten anzuführen. Das Reichsheer landete im Nildelta und marschierte anschließend stromaufwärts bis zu der Festungsstadt Damietta, welche den Strom sperrte. Wochenlang wurde die Stadt erfolglos belagert; vor allem ein mächtiger Wehrturm, der sich direkt vor den Mauern Damiettas auf einem Felsen im Nil erhob, machte den Christen schwer zu schaffen. Nur wenn es gelang, diese Bastion zu besetzen, war der Sturm gegen die Stadtmauer selbst möglich – und um den Durchbruch zu erzwingen, setzte Herzog Ludwig schließlich alles auf eine Karte.

Er befahl den Bau eines schwimmenden Belagerungsturmes: einer Balken- und Plankenkonstruktion, die auf zusammengeketteten Booten ruhte und an den Wehrturm auf der Insel herangerudert werden sollte. Allein dies war ungewöhnlich; noch ungewöhnlicher war Ludwigs Entscheidung, den Befehl über das waghalsige Kommandounternehmen einem Hochadligen zu übertragen: seinem Stiefsohn Graf Berthold von Bogen.

Berthold war einer der drei Söhne aus der ersten Ehe von Ludwigs Gemahlin Ludmilla mit dem Grafen Albert III. von Bogen. Von seinen beiden Brüdern war der eine, Luitpold, Kleriker in Regensburg und konnte daher keine legitimen Erben zeugen; vom anderen, Albrecht, wußte man, daß er impotent war. Der einzige, der das Bogener Geschlecht hätte fortpflanzen können, war also der bis dahin ebenfalls noch kinderlose Graf Berthold – wenn er allerdings beim Sturm auf den Wehrturm von Damietta ums Leben kam, würde das Bogener Grafengeschlecht in seinem Mannesstamm erlöschen, und der gesamte Besitz mußte über Ludwigs Gattin Ludmilla an das Haus Wittelsbach fallen. Dies war Herzog Ludwig natürlich bekannt; trotzdem brachte er Graf Berthold dazu, den schwimmenden Belagerungsturm zu besteigen.

Zunächst sah es so aus, als würde der von Berthold geführte Angriff Erfolg haben. Die Bogenschützen auf der Plattform und hinter den Schießluken des gegen die Nilinsel treibenden Turmes deckten die Verteidiger der gegnerischen Bastion mit Pfeilwolken ein; gleichzeitig bereiteten sich Berthold von Bogen und seine schwergepanzerten Kämpfer, die sich noch im Untergeschoß des Belagerungsturmes aufhielten, zum Sturm vor. Ehe sie jedoch die Leitern erklimmen und über eine Kippbrücke auf der Turmplattform die Mauerkrone der feindlichen Bastion erreichen konnten, kam es zur Katastrophe. Plötzlich brach der hölzerne Belagerungsturm zusammen und begrub die Ritter in seinem Inneren unter sich; Berthold von Bogen und zahlreiche seiner Leute fanden den Tod.

Das gefährliche Kommandounternehmen war gescheitert, sinnlos hatte der Bogener Graf sein Leben geopfert; die wittelsbachische Hausmacht hingegen war schlagartig um das Erbe Bertholds gewachsen. Die Belagerung Damiettas freilich zog sich weiter hin; die Festungsstadt schien uneinnehmbar – bis es dem Kreuzzugsheer zuletzt mittels einer Kriegslist doch gelang, ihre Mauern zu erstürmen. Nachdem die christlichen Truppen in die Stadt eingedrungen waren, richteten sie dort ein grauenhaftes Blutbad an. Fast die gesamte Bevölkerung Damiettas wurde niedergemetzelt; die wenigen Menschen, welche das Massaker überlebten, jagte man in die Wüste.

Danach wurde Damietta zu einem Stützpunkt der Bekreuzten ausgebaut; anschließend setzte der Bayernherzog den Feldzug fort und führte das Gros seiner Armee nun in Richtung Kairo. Dieses Unternehmen indessen scheiterte kläglich, denn als das Heer während des Marsches nilaufwärts in einer Stromgabel kampierte, ließ der Sultan von Ägypten einen der Flußarme aufstauen und den Damm dann öffnen. Die heranschießenden Wassermassen überschwemmten das Lager der Christen; gleichzeitig griffen die Moslems an, und die Armee Herzog Ludwigs mußte sich auf Gnade und Ungnade ergeben. Erst nachdem Kaiser Friedrich II. ein hohes Lösegeld bezahlt hatte, konnte Ludwig I. mit den Resten seines Heeres im Spätsommer 1221 die Heimreise antreten; während der Herzog und seine Truppen in der Gefangenschaft geschmachtet hatten, war auch Damietta wieder in die Hände des Sultans gefallen.

Obwohl der Kreuzzug letztlich ein kläglicher Fehlschlag gewesen war, blieb dem Bayernherzog die Gunst des Stauferkaisers erhalten. Mehr noch: Fünf Jahre nach seiner Heimkehr aus Ägypten, 1226, ernannte der zumeist auf Sizilien residierende Friedrich II. den Herzog zum Reichsverweser in Deutschland und betraute ihn zudem mit der Vormundschaft über seinen fünfzehnjährigen Sohn Heinrich, der bereits 1220 zum deutschen König gewählt worden war. Das Verhältnis zwischen Ludwig von Bayern und dem jungen Staufer war allerdings von Anfang an gespannt – und 1229 rebellierte der nunmehr achtzehnjährige Heinrich offen gegen seinen Vormund. Der Kaisersohn verbündete sich mit den Grafen von Andechs, welche stets die Feinde des Hauses Wittelsbach gewesen waren, und ein aus königlichen und Andechser Truppen bestehendes Heer überzog Bayern mit Krieg. Im Sommer 1229 begannen die Feindseligkeiten; im Herbst desselben Jahres war Ludwig I. dermaßen in die Defensive geraten, daß er vor dem jungen König Heinrich VII. und den Grafen von Andechs kapitulieren mußte. Am schmerzlichsten traf ihn dabei sicher der Verlust der Andechser Territorien, die er Anno 1209 an sich gebracht hatte; Heinrich zwang ihn, sie zurückzugeben.

Damit nicht genug, setzten die mit König Heinrich paktierenden Grafen von Andechs ihn auch während der folgenden Jahre unter politischen Druck. 1231 war der Bayernherzog, der keine Unterstützung von Kaiser Friedrich bekam, in einer schlimmeren Situation denn je; es drohten weitere Gebietsverluste zugunsten der jetzt immer mächtiger werdenden Andechser. Doch ehe es, was in der Luft lag, zu einer neuerlichen militärischen Auseinandersetzung kam, wurde Herzog Ludwig I. von Bayern am 15. September 1231 auf der Kelheimer Donaubrücke von jenem geheimnisvollen dunkelhäutigen Attentäter erstochen.

Betrachtet man diese Biographie Herzog Ludwigs I. durch die kriminalistische Lupe, so lassen sich aus ihr gleich mehrere mögliche Motive für die Ermordung des Bayernherzogs herausfiltern. Zusätzlich enthält Ludwigs Familiengeschichte, kombiniert mit dem Datum des Attentats, ein Indiz, das unwillkürlich aufhorchen läßt und wahrscheinlich den entscheidenden Hinweis auf diejenigen gibt, welche den Meuchelmörder anstifteten. Doch zunächst sollen die verschiedenen in Frage kommenden Mordmotive der Reihe nach aufgeführt werden.

Bereits Ludwigs Vater Otto I. mußte – nachdem er am 16. September 1180 als erster Wittelsbacher die Herzogswürde erlangt hatte – gegen die mächtigen Bogener und Andechser Grafen kämpfen, die ihm seinen Aufstieg neideten. Nachdem Ludwig auf den Thron gekommen war, hielten diese Auseinandersetzungen an. 1209 dann, als Herzog Ludwig die Stammburg des Pfalzgrafen Otto VIII., des Königsmörders, schleifen ließ, erhielt er zur Belohnung dafür die bis dahin in Andechser Besitz befindlichen Orte Weilheim, Wolfratshausen, Starnberg und Landsberg. Anno 1229 schließlich verbündeten sich die Grafen von Andechs mit dem jungen König Heinrich, welcher Ludwig genau wie sie feindlich gesonnen war, und führten Krieg gegen den Bayernherzog. Als Ergebnis dieser militärischen Auseinandersetzung wuchs die Hausmacht der Andechser wieder; bis 1231 setzten sie Herzog Ludwig weiter zu. Kurz vor seinem Ende befand der Herzog sich ärger denn je in der Defensive – und in dieser Situation könnten die Grafen von Andechs den Attentäter gedungen haben, um durch die Ermordung des Herzogs am 15. September 1231 das mit ihnen rivalisierende Haus Wittelsbach insgesamt zu stürzen.

Feinde der jungen Wittelsbacher Dynastie waren zunächst auch die Bogener Grafen gewesen, bis Ludwig 1204 Ludmilla von Bogen heiratete. Danach soll das Verhältnis zwischen dem Herzog und seinen drei Stiefsöhnen zwar zumindest nach außen hin nicht länger konfliktbelastet gewesen sein – auf dem Kreuzzug des Jahres 1221 jedoch kam der junge Graf Berthold von Bogen bei der Belagerung Damiettas unter äußerst ungewöhnlichen Umständen ums Leben. Sein Tod brachte Herzog Ludwig einen enormen Zuwachs seiner Hausmacht ein, und es läßt sich angesichts dessen nicht ausschließen, daß Ludwig seinen Stiefsohn vor Damietta gezielt in den Untergang trieb. Denn der Herzog bewog Berthold dazu, den Befehl auf dem schwimmenden Belagerungsturm zu übernehmen; eine Aufgabe, die normalerweise keineswegs einem Hochadligen, sondern einem in solchen Dingen erfahrenen Söldnerführer übertragen worden wäre. Wenn Ludwig aber eine direkte Schuld daran hatte, daß sein Stiefsohn vor Damietta fiel, dann könnte das Attentat auf der Kelheimer Donaubrücke womöglich einem von Bertholds überlebenden Brüdern Luitpold oder Albrecht – vielleicht auch beiden zusammen – anzulasten sein.

Nach dem Tod Bertholds von Bogen und nachdem Damietta endlich erobert war, kam es zu einem grauenhaften Blutbad in der islamischen Festungsstadt. Herzog Ludwigs außer Rand und Band geratene Truppen metzelten fast die gesamte Bevölkerung Damiettas, selbst Frauen und Kinder, nieder – und auch dies hätte zehn Jahre später den Racheakt eines überlebenden Moslems nach sich ziehen können.

Todfeinde könnte sich Ludwig I. von Wittelsbach ebenso Anno 1193 und 1197 in Süditalien gemacht haben, als er an der Seite König Heinrichs VI. gegen rebellische apulische und sizilianische Adlige kämpfte. Es wäre infolgedessen auch denkbar, daß Ludwig das Opfer eines süditalienischen Bluträchers wurde.

Andererseits könnten die Anstifter des Meuchelmordes genausogut unter den Blutsverwandten des Herzogs selbst zu suchen sein. Schließlich hatte Ludwig im März 1209 vermutlich entscheidend dazu beigetragen, seinen Neffen, den Pfalzgrafen Otto VIII. von Wittelsbach, dingfest zu machen, welcher Philipp von Schwaben ermordet hatte. Der Pfalzgraf war bei Kelheim ergriffen und enthauptet worden; danach hatten die Häscher seine Leiche in die Donau geworfen und sie damit zusätzlich geschändet. Herzog Ludwig griff nicht ein, obwohl er dies zweifellos gekonnt hätte – vielmehr ließ er anschließend auch noch die pfalzgräfliche Burg Wittelsbach schleifen, was ein weiterer, höchst massiver Affront gegenüber seiner Verwandtschaft war. Zum Dank dafür sprach ihm der neue König Otto IV. das Reichslehen des toten Pfalzgrafen zu, wodurch wiederum die Nachkommen des Königsmörders ihr Erbe an Ludwig verloren – und damit ebenfalls einen gewichtigen Grund gehabt hätten, tödliche Rache zu nehmen.

Anlaß zum Attentat auf Ludwig I. könnte allerdings auch dessen politischer Wankelmut auf höchster Ebene gegeben haben. Als Ludwig auf den Herzogsthron gelangt war, hatte der Stauferkaiser Friedrich I. Barbarossa regiert; er war es gewesen, der Ludwigs Vater zum Bayernherzog erhoben hatte. Nachfolger Barbarossas war dessen Sohn Heinrich VI.; er hatte den jungen Herzog Ludwig gefördert, und später war Freundschaft zwischen ihm und dem Wittelsbacher entstanden. Nach dem Tod Heinrichs wurde 1197 abermals ein Staufer, Philipp von Schwaben, zum König gekrönt; Ludwig diente auch ihm als einer seiner verläßlichsten Vasallen und galt im Reich als treuer Parteigänger der Stauferdynastie. Doch dann, nach der Ermordung Philipps von Schwaben, wechselte der Bayernherzog plötzlich die Fronten und leistete dem Welfenkönig Otto IV. den Treueid – er war damit ins Lager des mächtigsten Staufergegners übergelaufen. Ludwig hatte so gehandelt, obwohl der rechtmäßige Nachfolger Philipps der Enkel Barbarossas gewesen wäre: Friedrich von Hohenstaufen, welcher folgerichtig Anno 1211 als Friedrich II. zum Gegenkönig Ottos IV. gewählt wurde. Kaum war Friedrich in Deutschland einmarschiert, schlug sich der Bayernherzog auf seine Seite – jedoch nur wenige Monate später, ab März 1212, unterstützte er neuerlich den Welfen Otto. Als sich 1214 die Niederlage Ottos im Kampf um den Königsthron abzeichnete, wechselte Ludwig abermals die Fahnen und wurde nun wieder zum Parteigänger Friedrichs. Insgesamt gesehen, hatte der Bayernherzog den Machtkampf zwischen Staufern und Welfen skrupellos für seine eigenen Interessen genutzt. Zuletzt, weil er im entscheidenden Moment von Otto IV. abgefallen war, hatte er auf der Siegerseite gestanden – gerade durch dieses eiskalte Taktieren aber könnte er sich den Haß des gestürzten Welfenkönigs zugezogen haben, der durchaus noch mächtig genug gewesen wäre, einen Meuchelmörder gegen ihn auszusenden.

Einen haßerfüllten Gegner besaß Herzog Ludwig jedoch auch in der staufischen Herrscherdynastie, nämlich den jungen König Heinrich VII. Der Bayernherzog war der höchst ungeliebte Vormund dieses Sohnes Friedrichs II. gewesen; es hatte zwischen den beiden ständig Spannungen gegeben. Derart scharfe Konflikte, daß der achtzehnjährige Heinrich sich Anno 1229 mit Waffengewalt und im Bündnis mit den Andechser Grafen gegen Ludwig empört hatte. Und nachdem der Haß Heinrichs auf den bayerischen Herzog so groß war, daß er nicht davor zurückscheute, dessen Land mit Krieg zu überziehen, kann man ihm unter Umständen auch zutrauen, der Drahtzieher des Attentats von Kelheim gewesen zu sein.

Im Lauf seines Lebens hatte sich Ludwig I. von Wittelsbach also eine ganze Reihe von Feinden gemacht; jeder von ihnen hätte ein Tatmotiv gehabt. Gerade deswegen aber konnten die Hintergründe des Mordes auf der Kelheimer Donaubrücke weder unmittelbar nach dem Attentat noch später von den Historikern geklärt werden. Ein zusätzliches Rätsel gab stets der fremdländisch wirkende Attentäter mit der dunklen Hautfarbe auf, der unmittelbar nach dem Anschlag gelyncht wurde und so das Geheimnis seiner Herkunft und das Wissen um seine Hintermänner mit in den Tod nahm. Vor allem hinsichtlich seiner Person wurde natürlich kräftig spekuliert; die abenteuerlichste These lautet, der Mann sei ein Assassine gewesen: ein Todesbote des sagenhaften Alten vom Berge, der von seiner orientalischen Bergfestung Alamut rauschgiftsüchtige Meuchelmörder gegen seine Feinde ausgesandt habe. Doch die historisch durchaus faßbaren Assassinen agierten einzig im Vorderen Orient, so daß ihre Schuld an der Ermordung Herzog Ludwigs rein von daher auszuschließen ist – allerdings kann es sich bei dem Attentäter, wie sich noch herausstellen wird, durchaus um einen Orientalen beziehungsweise Ägypter gehandelt haben.

Zuvor jedoch sollen die verschiedenen möglichen Mordmotive auf ihren Wahrscheinlichkeitsgehalt hin abgeklopft werden. Auf diese Weise kann quasi die Spreu vom Weizen getrennt und damit wenigstens einigermaßen Licht ins Dunkel des geheimnisvollen Kriminalfalles gebracht werden. Das weiter oben erwähnte spezielle Indiz, das sich aus Ludwigs Familiengeschichte sowie dem Datum des Attentats ergibt, wird vor diesem Hintergrund dann zusätzlich erhellend wirken.

**

Zunächst zu Heinrich VII.: Sein Haß auf Ludwig scheint irrational gewesen zu sein, denn der Bayernherzog hatte sich dem jungen König gegenüber keines Verbrechens schuldig gemacht. Trotzdem griff Heinrich ihn brutal und im Bündnis mit Ludwigs alten Feinden, den Andechsern, an. Gerade wegen des irrationalen Hintergrundes seiner Feindschaft ist König Heinrich stark verdächtig – und auch viele Historiker denken in diese Richtung.

Was den gescheiterten Welfenkönig Otto IV. angeht, den Ludwig von Bayern zeitweilig in seinem Kampf um die Krone unterstützt und dann verraten hatte, so zog dieser sich nach seiner Niederlage Anno 1214 resigniert in seine braunschweigischen Stammlande zurück. Bis an sein Lebensende wurde Otto nicht mehr politisch tätig, und dies macht es unwahrscheinlich, daß er irgend etwas mit dem Kelheimer Attentat zu tun hatte.

Politisch weitgehend bedeutungslos war nach dem Tod des Pfalzgrafen Otto VIII. von Wittelsbach auch dessen Sippe, eine Seitenlinie des Herzogshauses, geworden. Hätten Verwandte Ottos VIII. den Bayernherzog ermorden lassen, so hätten sie den Sturz der 1231 ohnehin schon angeschlagenen Wittelsbacher Herzogsdynastie riskiert – und dadurch indirekt selbst Schaden genommen, weil ihre eigene Stellung dann völlig desolat geworden wäre.

Die Kriege in Süditalien, wo sich Ludwig I. in den Jahren 1193 und 1197 Todfeinde gemacht haben könnte, lagen zum Zeitpunkt des Attentats mehr als ein Menschenalter zurück. Hätten sizilianische oder apulische Bluträcher zuschlagen wollen, so wäre dazu lange vor 1231 Gelegenheit gewesen; es ist deshalb nicht nachvollziehbar, warum sie mehr als dreißig Jahre abgewartet haben sollten.

Anders sieht es hinsichtlich des Blutbades aus, das der Herzog in Damietta zu verantworten hatte. Der Meuchelmörder von Kelheim war dunkelhäutig; er wurde von Augenzeugen als fremdländisch oder orientalisch beschrieben. Er könnte also sehr wohl ein Ägypter gewesen sein; ein Überlebender von Damietta, der sich irgendwie nach Bayern durchgeschlagen und Ludwig aufgespürt hatte.

Bezüglich des Todes Bertholds von Bogen vor Damietta und eventueller Rachegelüste seiner überlebenden Brüder ist zu sagen, daß Luitpold und Albrecht von Bogen durch einen Mordanschlag auf den Bayernherzog gleichzeitig ihre Mutter Ludmilla und damit wieder ihre eigenen Familieninteressen getroffen hätten. Denn nur als Gemahlin des regierenden Herzogs besaß Ludmilla den herausragenden Einfluß, der auch ihren überlebenden Söhnen zugute kam; nachdem sie Witwe war, schwand die Bedeutung des zum Aussterben verurteilten Bogener Grafengeschlechts endgültig.

Zuletzt die Grafen von Andechs: Zwischen ihnen und der Wittelsbacher Dynastie herrschte bereits seit zwei Generationen Feindschaft. Seit Otto I. am 16. September 1180 Herzog geworden war, schwelte der Haß ununterbrochen. In dem halben Jahrhundert bis zu Ludwigs Ermordung kam es nicht ein einziges Mal zum Versuch, den Streit beizulegen. Vielmehr setzten die Andechser 1229 sogar ihre militärische Macht ein, um die an die Wittelsbacher verlorenen Territorien zurückzugewinnen. 1231 hatten sie Ludwig mit Hilfe des jungen Königs Heinrich in die Enge getrieben, und es kann keinen Zweifel daran geben, daß sie damals die endgültige Entscheidung im Machtkampf suchten. Das Attentat auf den Bayernherzog deckt sich exakt mit dieser Absicht. Es erfolgte zu einem Zeitpunkt, da Ludwig mit dem Rücken zur Wand stand – und durch seine Ermordung geriet die wittelsbachische Dynastie insgesamt in Gefahr, zu stürzen. Wäre dies aber geschehen, so hätten die mächtigen, mit König Heinrich VII. verbündeten Grafen von Andechs durchaus Nachfolger der Wittelsbacher auf dem Herzogsthron werden können. Wie konsequent sie dieses Ziel verfolgten, erhellt auch aus der Tatsache, daß Ludwigs Sohn, Herzog Otto II., sofort nach seiner Thronbesteigung in erneute kriegerische Auseinandersetzungen mit den Andechsern verwickelt wurde, welche nach wie vor auf die Unterstützung König Heinrichs zählen konnten. Wäre Heinrich VII. Anno 1235 nicht abgesetzt worden, so hätten die Grafen von Andechs vielleicht tatsächlich auf den bayerischen Herzogsthron gelangen können.

Die gravierendsten Motive für das Attentat auf Herzog Ludwig I. hatten also die Andechser Grafen – und jenes besondere Indiz, von dem bereits mehrmals die Rede war, untermauert diesen Verdacht noch. Nimmt man nämlich zwei Eckdaten aus der Geschichte der beiden ersten Wittelsbacher Herzöge genauer unter die Lupe, dann ergibt sich etwas ganz Erstaunliches.

Am 16. September 1180 wurde Otto I. von Wittelsbach zum Herzog gekrönt und begründete damit die wittelsbachische Herzogsdynastie. Am 15. September 1231 wurde Ottos Sohn Ludwig I. ermordet – und er erlebte damit den 16. September nicht mehr: den fünfzigsten Jahrtag der Krönung seines Vaters. Genau einen Tag bevor Ludwig dieses erste große dynastische Jubiläum hätte feiern können, fand er den Tod durch Mörderhand.

Dies aber kann kaum Zufall gewesen sein – vielmehr hatten diejenigen, welche den Meuchelmörder anstifteten, das Datum für die Tat offenbar auf äußerst zynische Weise gewählt. Man hatte die Herzogsfamilie über die Bluttat hinaus quasi psychologisch in ihrem dynastischen Selbstverständnis treffen wollen; die unmißverständliche Botschaft, die mit dem Attentat verknüpft war, lautete: Selbst die Tatsache, daß ihr Wittelsbacher bereits ein halbes Jahrhundert scheinbar fest im Sattel sitzt, schützt euch nicht vor unserer Rache!

So jedoch können einzig die Andechser, die geschworenen Feinde der Wittelsbacher Herzöge, gedacht und gehandelt haben. Allein für sie besaß die Feier des Jahrtages, beziehungsweise deren tückische Vereitelung in letzter Minute, ganz besondere Bedeutung. Denn am 16. September 1180 hatten die Grafen von Andechs ihre eigenen Träume, den bayerischen Herzogsthron zu besteigen, begraben müssen. Und vermutlich aus diesem Grund schlugen sie dann exakt am Vorabend des Wittelsbacher Jubiläums so brutal zu.

Höchstwahrscheinlich waren es also die Andechser Grafen, welche den Mordplan ausgeheckt hatten. Ihr Risiko war um so geringer, als sie mit König Heinrich verbündet waren, welcher Herzog Ludwig seinerseits aus irrationalen Beweggründen haßte. Es könnte gut sein, daß Heinrich eingeweiht war; darauf weist wiederum die Tatsache hin, daß der Attentäter Orientale oder Nordafrikaner war. Denn als Sohn Friedrichs II., der beste Kontakte zur islamischen Welt besaß, hätte auch Heinrich die Möglichkeit gehabt, gewisse Verbindungen dorthin spielen zu lassen.

Wie auch immer – auf jeden Fall müssen die Drahtzieher des Verbrechens den Mörder im Orient oder in Nordafrika gedungen haben, und daß dabei die Greuel auf dem von Herzog Ludwig geführten Kreuzzug eine Rolle gespielt haben könnten, ist keineswegs auszuschließen. In Bayern angelangt, wurde der Attentäter wohl von den Andechsern mit allen nötigen Informationen darüber, wie der Mord am besten durchgeführt werden konnte, versorgt; ebenso legten die Grafen von Andechs den genauen Zeitpunkt des Anschlages fest.

Und dann brauchte der Dunkelhäutige auf der Kelheimer Donaubrücke nur noch zu warten, bis der ahnungslose Bayernherzog mit seinem kleinen Gefolge auftauchte …

Die Säckung zu Straubing
Herzog Ernsts Verbrechen an der Bernauerin

Der Gedenkstein aus Rotmarmor, welcher das Abbild der auf bestialische Weise Ermordeten zeigt, befindet sich in der Bernauer-Kapelle auf dem Straubinger Petersfriedhof. Die Tote ist in Lebensgröße dargestellt; ein Tuch bedeckt ihr Haar, und das weite Gewand reicht bis zu den Füßen. Drei Details an diesem Bildnis der Agnes Bernauer fallen besonders auf. Ihre Gesichtszüge erwecken einen leicht aufgeschwemmten Eindruck; die Hände liegen so übereinander, daß die Ringe jeweils an der Rechten und der Linken deutlich zu erkennen sind; zwei Hunde schließlich, der eine tobend, der andere zusammengekrümmt, klammern sich an die Rockschöße der Bernauerin.

Der Künstler, welcher den Epitaph schuf, hat damit eine Reihe eindeutiger Aussagen gemacht. Agnes Bernauers Verlobungs- und Ehering dokumentieren ihre legitime Verbindung mit Albrecht, dem Sohn und Erben des Herzogs Ernst von Bayern-München; Agnes' gedunsenes Antlitz weist auf ihr Ende in den Donaufluten hin, und die Hunde symbolisieren den außerordentlich grausamen Tod, den die bürgerliche Gemahlin des Thronfolgers am 12. Oktober 1435 in Straubing erlitt. Insgesamt werden dadurch sehr eindringlich die Eckpunkte der Bernauer-Tragödie angesprochen; der Tragödie einer jungen Frau, die zum Opfer eines von Herzog Ernst inszenierten Justizmordes wurde – und dies nur, weil Agnes Bernauer unerschütterlich zur großen Liebe ihres kurzen Lebens stand.

***

»Man sagt, das sy so hubsch gewesen sey, wann sy roten wein getrunken hett, so hett man ir den wein in der kel hinab sechen gen.« So begeistert äußerte sich Ende des 15. Jahrhunderts der bayerische Geschichtsschreiber Veit Arnpeck über die Augsburger Baderstochter Agnes Bernauer, welche auch in anderen Überlieferungen als ungewöhnlich anziehend geschildert wird. Diese Schönheit ermöglichte Agnes einen atemberaubenden gesellschaftlichen Aufstieg; an der Seite ihres Geliebten und späteren Ehegatten Albrecht von Wittelsbach wurde sie zu einer Art »Fürstin der Herzen« im spätmittelalterlichen Bayern. Ihre heimliche Trauung mit dem Thronfolger des Herzogtums Bayern-München gefährdete jedoch, zumindest nach Meinung Herzog Ernsts, den Fortbestand der Dynastie, und daher kam es im Herbst 1435 zur staatlich sanktionierten, aber deshalb nicht weniger bestialischen Ermordung der Bernauerin. Als der Scharfrichter sie auf der Straubinger Donaubrücke vom Henkerskarren zerrte, war Agnes vierundzwanzig Jahre alt; siebeneinhalb Jahre zuvor, im Februar 1428, war sie Albrecht von Wittelsbach erstmals begegnet.

Der Thronfolger, dessen Verlöbnis mit der kapriziösen Hochadligen Elisabeth von Württemberg einen Monat zuvor in die Brüche gegangen war, weilte im Fasching 1428 anläßlich eines Turniers in Augsburg. Eines Abends suchte er eine Badstube in der Gasse »Zwischen den Schlachten« auf, und in diesem eher anrüchigen Etablissement begegnete er der zu jenem Zeitpunkt siebzehnjährigen Agnes Bernauer. Sie war die Tochter des Baders Kaspar Bernauer, dem das Bade-, Trink- und Freudenhaus gehörte; Agnes pflegte den Gästen Wein und Speisen zu servieren, wahrscheinlich wurde sie mit besonders zahlungskräftigen Nachtschwärmern manchmal auch intim. Und genau ein solches Abenteuer suchte wohl der sechsundzwanzigjährige Albrecht von Bayern-München, als er in der Badstube auftauchte; eine Affäre für eine Nacht – doch dann verliebte er sich offenbar Hals über Kopf in die berückend schöne Agnes und traf sie während der nächsten Tage mehrmals wieder.

So begann die spektakuläre Beziehung zwischen dem Herzogssohn und der alles andere als standesgemäßen Augsburger Baderstochter. Nachdem er in die Münchner Residenz zurückgekehrt war, ließ Albrecht – obwohl er in der Hauptstadt vorübergehend noch eine adlige Mätresse hatte – den Kontakt zu Agnes nicht mehr abreißen. Schon bald sorgte er dafür, daß sie das anrüchige Haus ihres Vaters verließ und eine andere Unterkunft bezog, die er für sie und sich eingerichtet hatte.

In diesem Liebesnest blieb Agnes Bernauer vermutlich bis zum Sommer 1429; anschließend brachte Albrecht, der unter anderem den Titel eines Grafen von Vohburg führte, sie auf der Veste der genannten Donaustadt unter. Von da an besuchte der Thronfolger Vohburg so oft wie möglich; das Paar lebte dann mehr oder weniger in einer eheähnlichen Beziehung zusammen, und Agnes nahm an der Seite ihres Geliebten auch Repräsentationspflichten wahr. Die Vohburger Bürger wiederum akzeptierten sie gerne; der Grund lag einerseits im natürlichen Charme der Baderstochter, andererseits im sozialen Engagement, das die Bernauerin an den Tag legte.

Im Sommer 1431 stand Agnes Todesängste um Albrecht aus. Als einer der Anführer des fünften Kreuzzuges gegen die protestantischen Hussiten kämpfte der Wittelsbacher in Böhmen. Bei Taus wurde das katholische Reichsheer vernichtend geschlagen; mit knapper Not gelang Albrecht und den Resten seiner Truppe nach der desaströsen Niederlage die Flucht. Kurz nachdem der Thronfolger auf die Vohburger Veste heimgekehrt war, gab er seiner Geliebten das Eheversprechen und schenkte ihr den Verlobungsring, welcher auf der Straubinger Grabplatte abgebildet ist und den sie, dem Brauch der Zeit gemäß, künftig an der rechten Hand trug.

Selbstverständlich konnte es nicht ausbleiben, daß Herzog Ernst von Bayern-München davon erfuhr. Zu Weihnachten 1431 befahl er seinen Sohn in die Hauptstadt und versuchte, Albrecht eine Heirat mit der Hochadligen Jakobäa von Bayern-Holland schmackhaft zu machen, die sich zum Fest ebenfalls in München aufhielt. Der Thronfolger sperrte sich aber entschieden gegen eine derartige Verbindung – und stellte gegenüber seinem Vater im darauffolgenden Sommer 1432 eindeutig klar, was er für Agnes Bernauer empfand.

Bei einem weiteren Besuch in der Münchner Residenz brachte er nämlich demonstrativ seine Verlobte mit und quartierte sie in seiner Stadtburg ein. Die Tatsache, daß Agnes Bernauer zudem von ihm schwanger war, bewirkte einen Skandal. Insbesondere die Pfalzgräfin Beatrix, eine nahe Verwandte der Herrscherfamilie, tobte, und im Münchner Kammerbuch heißt es dazu: »Pfalzgräfin Beatrix mit Herzog Albrecht gnug zornig was ... der hoch und grosfaisten Bernawerin wegen.«

Höchst verärgert war jedoch auch Herzog Ernst, der nunmehr in scharfer Form von Albrecht verlangte, Agnes den Laufpaß zu geben und Jakobäa von Bayern-Holland zu ehelichen. Schauplatz dieser Auseinandersetzung zwischen Vater und Sohn war Straubing, wo die beiden Fürsten zu einem Landtag weilten; während ihrer Abwesenheit aber gewann Agnes Bernauer durch eine couragierte Tat die Herzen der Münchner Bürger.

Magistratsknechte hatten einen Raubritter namens Münnhauser und dessen Knecht gefangengenommen und wollten die schon lange gesuchten Verbrecher in einen städtischen Kerker bringen. Unvermittelt jedoch gelang es den Schurken, zu entkommen und in die herzogliche Alte Veste zu fliehen, wo sie sich in einem Kellergewölbe verschanzten. Damit waren sie für die Magistratsknechte, die in der Herzogsburg keine Befugnisse hatten, unangreifbar geworden; andererseits wollte aber auch der Befehlshaber der Festungswächter nicht gegen die Verbrecher vorgehen, weil Münnhauser sich unter den Schutz des – freilich abwesenden – Herzogs gestellt hatte. Infolgedessen blieben der Raubritter und sein Spießgeselle für den Rest des Tages ungeschoren; am Abend allerdings wurden die Münchner Bürger rebellisch und drohten, die Veste zu stürmen, um die Schurken auf eigene Faust zu hängen.

Es fehlte also nicht mehr viel zu einem Volksaufstand; nur die Pfalzgräfin Beatrix hätte ihn in ihrer Eigenschaft als Vertreterin Herzog Ernsts noch abwenden können – doch sie hatte es vorgezogen, sich bei einem Bankett zu amüsieren. Und in dieser Situation handelte nun Agnes Bernauer mit großer Umsicht. Sie teilte den aufgebrachten Münchnern mit, daß sie einen Eilboten nach Straubing senden werde, und hielt die Bürger damit von Gewalttaten ab. Zwei Tage später kam Befehl aus Straubing, Münnhauser und seinen Knecht unverzüglich an den Magistrat auszuliefern; auf diese Weise war der Friede in der Stadt wiederhergestellt – und das Verdienst gebührte der bürgerlichen Verlobten des Thronfolgers.

Ungeachtet dessen beharrte Herzog Ernst auf seiner Forderung, wonach sein Sohn Jakobäa von Bayern-Holland heiraten sollte. Doch Albrecht weigerte sich strikt; als sein Vater ihm ankündigte, Jakobäa erneut nach München einzuladen, reiste der Thronfolger mit Agnes nach Vohburg ab. Dort traf im September 1432 die Nachricht von Jakobäas Verlobung mit einem holländischen Ritter ein; kurz danach brachte Agnes Bernauer eine Tochter zur Welt, die den Namen Sibylla erhielt.

Zweifellos war die Geburt der Anlaß für die Eheschließung zwischen Albrecht von Bayern-München und der Baderstochter. Die heimliche Vermählung, die wahrscheinlich vom Priester der Vohburger Veste vorgenommen wurde, fand vermutlich noch im Herbst 1432 statt. Jetzt steckte Albrecht seiner Gemahlin den zweiten, auf der Straubinger Grabplatte dargestellten Ring an die linke Hand. Anfang Januar 1433 stattete er Agnes außerdem mit einer Pfründe aus, die ihr künftig ein eigenes Einkommen sichern sollte. Er schenkte ihr einen schönen Bauernhof in Untermenzing bei München; die Pächter, die auf dem Anwesen saßen, mußten der Bernauerin von da an Pacht bezahlen.

Kaum hatte Agnes die Besitzurkunde für den Hof erhalten, ernannte Herzog Ernst seinen Sohn völlig überraschend zum Statthalter des Teilherzogtums Straubing – und es ist anzunehmen, daß der Landesherr dadurch einen Keil zwischen Albrecht und Agnes treiben wollte. In Vohburg war es dem Paar möglich gewesen, offen zusammenzuleben; in der Residenzstadt Straubing und im Donaugäu hingegen, wo der Thronfolger nun als Vertreter seines Vaters regieren sollte, mußte Albrecht mit Widerstand der Adligen und Patrizier rechnen, falls er mit Agnes in die Herzogsburg einziehen würde.

So scheint Ernst kalkuliert zu haben – und in der Tat wagte es der Thronfolger zunächst nicht, seine Ehefrau zu sich zu holen. Bis zur Jahresmitte 1433 wohnte Agnes mit ihrer Tochter Sibylla auf dem Bauernhof in Untermenzing; gelegentlich, wenn seine vielfältigen neuen Verpflichtungen es zuließen, besuchte Albrecht sie dort. Bald aber hatte er das Versteckspiel satt und bewog Agnes Bernauer nun doch dazu, in die Straubinger Residenz überzusiedeln; die junge Frau und ihr Kind bezogen eine Reihe von Gemächern, die sich direkt an diejenigen des Statthalters anschlossen.

Sommer und Frühherbst verstrichen; scheinbar hielt Herzog Ernst still – im November 1433 allerdings schlug er um so härter zu. Er zitierte Albrecht nach München und forderte seinen Sohn ultimativ auf, sich von der Baderstochter zu trennen und endlich eine standesgemäße Ehe einzugehen, um so den Fortbestand der Dynastie zu sichern. In dieser Situation blieb dem Thronerben nichts anderes übrig, als seinem Vater reinen Wein einzuschenken und ihn darüber zu informieren, daß er bereits mit Agnes Bernauer verheiratet sei. Die Folge war ein Tobsuchtsanfall des Herzogs; in seiner Wut soll er Albrecht förmlich aus der Münchner Residenz gejagt haben.

Anno 1434 verschärfte sich die Lage weiter. Der nicht zu leugnende Umstand, daß durch die unstandesgemäße Ehe des Thronfolgers die Erblinie des Herzogtums Bayern-München gefährdet war, sorgte zunehmend für Unruhe im Land. Besonders Adel und Patrizier befürchteten für die Zeit nach dem Tod des bereits betagten Herzogs Ernst kriegerische Verwicklungen; schon jetzt schien es so, als würde etwa der reiche Herzog Heinrich von Bayern-Landshut immer begehrlicher auch nach der Münchner und Straubinger Herrschaft schielen.

Monat für Monat wuchsen daher Unmut und Furcht; im November 1434 schließlich erteilte die Ritterschaft des Teilherzogtums Straubing mit Billigung zahlreicher anderer bayerischer Adliger Albrecht eine empfindliche Lektion. Es geschah in Regensburg; der Rat der Reichsstadt hatte zu einem Turnier eingeladen, und auch Albrecht von Bayern-München wollte an dem Stechen teilnehmen. Als er freilich auf den Turnierplatz ritt, schmähten ihn die Straubinger Edelleute, warfen ihm seine Beziehung zu Agnes Bernauer vor – und fielen gleich darauf mit Knüppeln über ihn her. Albrecht wurde brutal verprügelt; Tausende von johlenden Schaulustigen erlebten seine Demütigung mit, und zuletzt mußte er die Stadt fluchtartig verlassen.

Ungeachtet des gemeinen Angriffs, den seine eigenen Untertanen gegen ihn gerichtet hatten, stand Albrecht von Bayern-München weiterhin zu seiner großen Liebe. Agnes und Sibylla blieben in Straubing; Albrecht lehnte es strikt ab, seine Gemahlin zu verstoßen. Dies aber machte unter den Edelleuten, mit denen er bereits in Regensburg aneinandergeraten war, noch böseres Blut. Im April 1435 sandten sie Albrecht einen Fehdebrief und griffen den nahe bei

Straubing gelegenen Markt Bogen an. Es kam zum Kampf zwischen dem Statthalter und den rebellischen Rittern; nachdem Albrecht seine Feinde aus dem Marktflecken vertrieben hatte, wandte er sich an seinen Vater und bat ihn um Rückhalt bei den zu erwartenden neuerlichen militärischen Auseinandersetzungen. Doch Herzog Ernst, welcher die Ritter möglicherweise sogar angestiftet hatte, tat nichts dergleichen; er forderte seinen Sohn lediglich abermals schroff auf, sich von Agnes Bernauer zu trennen.

Als Albrecht standhaft blieb, entzog sein Vater ihm wutentbrannt die Straubinger Statthalterschaft und schickte ihn zurück nach Vohburg. Mit seiner Ehefrau und Sibylla zog der Thronfolger im Frühsommer 1435 wieder auf der dortigen Veste ein, die schon früher eine Art Refugium des Paares gewesen war. Und auch jetzt waren Albrecht und Agnes in der beschaulichen Donaustadt nochmals einige Monate vergönnt, in denen sie sich ihrer Zuneigung hingeben konnten – zur gleichen Zeit freilich bereitete Herzog Ernst seinen letzten und entscheidenden Schlag vor: den zutiefst verbrecherischen Anschlag, welcher der ungewöhnlichen Liebe zwischen seinem Sohn und der Baderstochter endgültig den Garaus machen sollte.

Eines Abends im September 1435 trafen Ernst von Bayern-München und Heinrich von Bayern-Landshut inkognito zu einer Geheimbesprechung in Kelheim zusammen. Die beiden wittelsbachischen Fürsten hatten ihre politischen Differenzen vorübergehend hintangestellt, um das Münchner Erbfolgeproblem, welches letztlich das gesamte komplizierte Machtgefüge in Bayern und damit indirekt auch den ungefährdeten Fortbestand der Landshuter Dynastie bedrohte, ein für allemal aus der Welt zu schaffen. Nun, in dieser Septembernacht, schmiedeten die Herzöge ein mörderisches Komplott; am folgenden Tag kehrten sie in ihre jeweiligen Residenzen heim – und kurze Zeit darauf, am 6. Oktober 1435, erhielt Albrecht von Bayern-München eine Einladung Herzog Heinrichs zur Herbstjagd nach Landshut.

Da er hoffte, sein niederbayerischer Verwandter könnte im Streit zwischen ihm und seinem Vater vermitteln, sagte Albrecht am 8. Oktober durch einen Boten zu, an der Jagd teilzunehmen. Im Morgengrauen des 11. Oktober dann ritt er mit starker Bedeckung nach Landshut ab; auf der Vohburger Veste blieben nur wenige Reisige zurück. Die wiederum vermochten wenige Stunden später nicht zu verhindern, daß ein kampfkräftiger Trupp Gepanzerter in die Burg eindrang: Kriegsknechte des Münchner Herzogs, welche die schwache Festungsbesatzung überwältigten und Agnes Bernauer festnahmen.

Die verstörte Vierundzwanzigjährige wurde zur Donau gebracht, wo ein Schiff wartete; gegen Abend des 11. Oktober erreichte der Schnellruderer Straubing. Man kerkerte Agnes Bernauer die Nacht über in der dortigen Herzogsburg ein; am folgenden Tag trat das Hofgericht zusammen, welches das zweifellos von vornherein feststehende Willkürurteil gegen die Augsburger Baderstochter fällen sollte.

Höchstwahrscheinlich fungierte Herzog Ernst von Bayern-München persönlich als Vorsitzender des schändlichen Tribunals; Beisitzer waren vermutlich die Ritter Konrad Nußberger und Hans von Degenberg sowie etliche Kleriker. Und diese Männer, die Kläger und Richter zugleich waren, warfen Agnes Bernauer jetzt vor, ein »böses Weib« zu sein und Schadenzauber getrieben zu haben; dadurch hätte sie sowohl den Thronfolger als auch das Herzogtum ins Unglück gestürzt.

Unter einem »bösen Weib« aber verstand man nach damaligem Sprachgebrauch eine Hexe; in dieselbe Richtung ging die Anklage hinsichtlich des vorgeblichen Schadenzaubers – die juristische Farce, welche man gegen die Bernauerin in Szene setzte, war infolgedessen nichts anderes als ein Hexenprozeß. Bei einem derartigen Verfahren jedoch hatte die Beschuldigte keinerlei Chance, sich zur Wehr setzen zu können. Sie war im selben Moment, in dem der Vorwurf der Hexerei gegen sie ausgesprochen wurde, praktisch absolut rechtlos geworden.

Genau dies hatte Herzog Ernst, als er das zynische Justizverbrechen geplant hatte, bezweckt. Jetzt war ihm die verhaßte bürgerliche Ehefrau seines ahnungslos in Landshut weilenden Sohnes hilflos ausgeliefert und konnte ohne weitere Umstände zum Tod verurteilt werden. Und exakt dies geschah an jenem 12. Oktober 1435. Man brachte die zutiefst irrationale Anklage gegen Agnes Bernauer vor, sprach sie schuldig und setzte den Zeitpunkt der Hinrichtung noch für den gleichen Tag fest.

Wahrscheinlich bei Sonnenuntergang wurde die junge Frau auf dem Henkerskarren zur Donau gefahren, welche damals ein Stück von der Stadt entfernt floß. Auf der nach Norden führenden Holzbrücke über den Strom, wo sich zahlreiche Schaulustige drängten, zerrten die Büttel Agnes vom Karren und nähten sie, wie Aventinus schreibt, in einen Sack ein. Herzog Ernst hatte also befohlen, die Delinquentin nicht einfach zu ertränken, wie spätere Darstellungen dies glauben machen wollen, sondern sie der besonders grausamen Hinrichtungsart der »Poena Culei«, der Säckung, zu unterziehen. Und diese »Poena Culei« war deshalb so bestialisch, weil dabei zusammen mit dem menschlichen Opfer lebende Tiere ersäuft wurden: Hunde, Katzen oder Schlangen.

In Agnes Bernauers Fall handelte es sich, wie die Darstellungen auf ihrem Epitaph vermuten lassen, um zwei Hunde; nachdem auch diese in den Sack gezwängt und eingenäht worden waren, stieß der Scharfrichter das schwere Bündel in die Donau. Der Todeskampf der jungen Frau, die im Sterben zusätzlich von den panisch kratzenden und beißenden Tieren bedrängt wurde, muß grauenhaft gewesen sein; dem Justizmord, dessen sich der Münchner Herzog schuldig gemacht hatte, wurde dadurch die abscheuliche Krone aufgesetzt.

Der Überlieferung nach geriet der Sack mit dem Leichnam einige hundert Meter unterhalb der Mordstätte am rechten Donauufer in seichtes Wasser und konnte an Land gezogen werden. Auf dem Friedhof der nahegelegenen Peterskirche erfolgte dann wohl eine rasche, unspektakuläre Erdbestattung; anzunehmen ist, daß die Beisetzung dort vorgenommen wurde, wo man später die Bernauer-Gedächtniskapelle errichtete.

Albrecht von Bayern-München erfuhr offenbar sehr schnell vom Tod seiner Gemahlin, denn bereits am 14. Oktober 1435 begann er ein Heer aufzustellen, um gegen seinen Vater ins Feld zu ziehen. Letztlich jedoch kam es nicht zur militärischen Auseinandersetzung, denn Kaiser Sigismund griff ein und zwang Albrecht, Frieden zu halten. Im Dezember 1435 dann trafen sich Herzog Ernst und sein Sohn zu einer Aussprache; im selben Monat tätigte Albrecht im

Straubinger Karmelitenkloster, wo Agnes bereits 1434 einen Altar gestiftet hatte, eine sogenannte Seelgerätstiftung für seine tote Gemahlin. Zum Gedenken an sie sollten im Kreuzgang des Klosters regelmäßig Messen gelesen werden – und es sieht so aus, als sei zu diesem Zeitpunkt auch Agnes' Leiche zu den Karmeliten überführt worden. Bestimmte Quellen weisen darauf hin; ebenso die Tatsache, daß man in den dreißiger Jahren des 20. Jahrhunderts nahe des damals längst abgebrochenen Bernauer-Altars ein Frauengrab aus der fraglichen Epoche entdeckte, von dem jedoch leider keine archäologische Beschreibung vorliegt.

Im Frühling 1436 söhnten Albrecht von Bayern-München und sein Vater sich aus; Ende des genannten Jahres heiratete der Thronfolger eine Tochter des Herzogs von Braunschweig, so daß der Fortbestand der Dynastie gesichert war. Vor der Eheschließung aber hatte Herzog Ernst zur Sühne für die Ermordung seiner bürgerlichen Schwiegertochter die Gedenkkapelle auf dem Straubinger Petersfriedhof errichten und den Rotmarmor-Epitaph vermutlich an der Stelle von Agnes Bernauers erster Grabstätte in den Boden einfügen lassen.

Im 18. Jahrhundert wurde der Sühnestein an der inneren Kapellenwand befestigt – und dort kündet er bis heute von der bezaubernd schönen Augsburger Baderstochter, die wegen ihrer Liebe zu Albrecht von Bayern-München, dem späteren Herzog Albrecht III., einen so grausamen Tod fand.

Der Münchner Hexenbrand Anno 1600

Justizwillkür im Auftrag des Kurfürsten

In Altötting wird ein schauriges, auf höchst ungewöhnliche Weise entstandenes Dokument aufbewahrt. Es enthält einen Schwur des bayerischen Herzogs und späteren Kurfürsten Maximilian I., sein Leben ganz und gar der Schwarzen Madonna des Wallfahrtsortes weihen zu wollen. Der Wittelsbacher, der von 1597 bis 1651 regierte, schrieb die Zeilen des religiösen Gelöbnisses als junger Mann – und zwar mit dem eigenen Blut, was zu seiner Zeit als Akt besonderer Frömmigkeit gegolten haben mag. Moderne Psychologen allerdings würden wohl eher pathologisches Verhalten attestieren, und die Historiker wissen, daß Maximilian ein Herrscher mit krankhaften Zügen war: zeitlebens von Zwangsvorstellungen religiöser und machiavellistischer Art besessen.

So hegte der katholische Fürst einen irrationalen Haß auf alles Protestantische; diese Intoleranz machte ihn zu einem der Hauptschuldigen am Ausbruch des Dreißigjährigen Krieges. Außerdem strebte Maximilian I. bereits in der frühen Neuzeit den totalen Überwachungsstaat an; es drängte ihn manisch, seine Untertanen bis in ihre Privatsphäre und ihr Denken hinein zu reglementieren. Solche Obsessionen freilich mußten zwangsläufig mit der Realität der Epoche, in der Maximilian lebte, kollidieren. Denn es war, auch vor Beginn des Dreißigjährigen Krieges schon, eine Zeit heftiger geistiger Turbulenzen sowie schwerer sozialer Verwerfungen – und was letztere anging, hätte der bayerische Landesherr seine Energien besser darauf verwendet, der oft extremen Armut zu steuern, statt seinen politkriminellen Zwangsvorstellungen nachzugeben.

Es war die heutzutage kaum mehr vorstellbare Not großer Teile der Bevölkerung, welche Maximilian I. zu jenem grauenhaften Justizverbrechen veranlaßte, von dem in diesem Kapitel die Rede sein soll. Beim Regierungsantritt des Herzogs Anno 1597 hatte die Staatsverschuldung horrende Ausmaße erreicht; angesichts dessen preßten die

Steuerbüttel besonders die Bauern bis aufs Blut aus und trieben damit viele in den Ruin. Mit Kind und Kegel mußten diese Menschen ihre Höfe verlassen, um sich künftig als Bettler durchzuschlagen. Auf den Landstraßen trafen sie dann mit Entwurzelten aus halb Europa zusammen: mit Heimatlosen, die um ihrer Religion willen aus Böhmen und anderen Fürstentümern des Deutschen Reiches verjagt worden waren; ebenso mit Glaubensflüchtlingen aus Frankreich und den Niederlanden, wo seit Jahrzehnten Religionskriege tobten. Darüber hinaus gab es ausgemusterte oder fahnenflüchtig gewordene Söldner, entsprungene Mönche, verkrachte Scholaren und sonstige gescheiterte Existenzen.

Abertausende solcher Obdachloser waren in Bayern unterwegs; wenn sie Glück hatten, konnten sie sich von Gelegenheitsarbeiten ernähren, anderenfalls waren sie zum Betteln gezwungen. Teilweise begingen diese Vagabunden natürlich auch Straftaten; meistens handelte es sich um Eigentumsdelikte, gelegentlich passierte Schlimmeres: gewaltsamer Raub, Totschlag oder Mord. Dies war die Situation im bayerischen Herzogtum um 1600 – und im Februar des genannten Jahres geriet eine der vielen tausend obdachlosen Familien unversehens in die Fänge der Justiz. Der Anlaß, welcher zur Verhaftung der Landfahrer führte, war nichtig; schnell jedoch entwickelte sich daraus auf den Befehl Maximilians I. hin der sogenannte Pappenheimer-Prozeß: ein Inquisitionsverfahren wegen angeblicher Hexerei, das als Beispiel für grausamste Justizwillkür in die Rechtsgeschichte eingegangen ist.

**

An jenem frostigen Februartag Anno 1600 hatte der Kleinbauer Ulrich Schölz im Dorf Tettenwang bei Riedenburg Mitleid mit einer fünfköpfigen Landfahrerfamilie bewiesen; er hatte dem bereits betagten Ehepaar Paulus und Anna Pämb sowie deren drei Söhnen Michael, Gumpprecht und Hänsl ein Obdach für die Nacht gegeben. Möglich, daß die Heimatlosen als Gegenleistung für das Quartier das eine oder andere Metallgefäß auf dem Hof reparieren sollten, denn Paulus Pämb sowie die erwachsenen Söhne Michael und Gumpprecht pflegten als Kesselflicker zu arbeiten. Vielleicht sollte die Familie aber auch eine bedeutend unangenehmere Aufgabe erfüllen; die Pämbs waren nämlich zugleich Pappenheimer, wie man zur damaligen Zeit die Abortgrubenräumer nannte. Kaum jedoch war die Landfahrerfamilie auf dem Bauernhof eingetroffen, tauchte der Amtmann von Altmannstein mit mehreren bewaffneten Bütteln auf. Weil ein kurz zuvor in Wörth an der Isar hingerichteter Dieb namens Geindl die Brüder Michael und Gumpprecht Pämb als seine Spießgesellen bezeichnet hatte, verhaftete der Amtmann sowohl die beiden jungen Männer als auch deren Eltern und brachte seine Gefangenen nach Altmannstein ins Gefängnis. Der zehnjährige Hänsl wurde in Tettenwang zurückgelassen; notgedrungen kümmerten die Bauersleute Schölz sich um ihn.

Im Altmannsteiner Gefängnisturm faßte man die Landfahrer zunächst nicht sonderlich hart an. Sie wurden wegen ihrer angeblichen Komplizenschaft mit dem exekutierten Dieb lediglich gütlich befragt, also ohne Anwendung der Folter verhört. Alle Häftlinge stritten ab, mit dem Gauner unter einer Decke gesteckt zu haben. Als Grund, warum sie von Geindl denunziert worden seien, gaben sie an, daß es zwischen dem Dieb und Michael Pämb einmal zu einer Rauferei gekommen sei, bei der Geindl den kürzeren gezogen habe. Danach habe der Gauner gedroht, es Michael und seinen Angehörigen heimzuzahlen; vermutlich deswegen sei Geindl vor seiner Hinrichtung darauf verfallen, die falschen Anschuldigungen zu erheben.

Es schien so, als wollte sich der Amtmann damit zufriedengeben. Wohl eher pro forma sandte er ein Protokoll der Aussagen ans Münchner Hofgericht, und die Gefangenen, zu denen die Bäuerin Schölz unterdessen auch den kleinen Hänsl gebracht hatte, konnten hoffen, bald wieder auf freien Fuß gesetzt zu werden. Dann allerdings, im März 1600, kam aus München die Anweisung, die Familie Pämb der peinlichen Befragung mit Anwendung der Tortur zu unterziehen. Und unter der Folter gestanden der siebenundfünfzigjährige Paulus Pämb, seine zwei Jahre ältere Ehefrau Anna, der zwanzigjährige Michael und der zweiundzwanzigjährige Gumpprecht eine ganze Reihe von Verbrechen. Angeblich hatten sie zahlreiche Diebstähle, Brandstiftungen und Raubüberfälle verübt;

außerdem gaben Michael und Gumpprecht zuletzt auch noch zu, Schadenzauber getrieben zu haben.

Eine Auswertung der erhaltenen Verhörprotokolle zeigt eklatante Widersprüche zwischen den einzelnen, durch die Tortur erzwungenen Aussagen auf; darüber hinaus war keines der »Geständnisse« objektiv nachprüfbar. Die Delinquenten hatten auf der Folterbank offenbar alles bestätigt, was ihnen in den Mund gelegt worden war; zu welch irrationalen Ergebnissen derartige »Strafverfahren« führten, ist aus der historischen Aufarbeitung Tausender ähnlich gelagerter Fälle hinlänglich bekannt. In den Augen des Altmannsteiner Amtmannes jedoch lag sehr wohl ein juristisch hieb- und stichfestes Schuldgeständnis der Landfahrerfamilie vor, und er konnte darüber abermals Bericht ans Münchner Hofgericht erstatten. Und damit begann nun der eigentliche Pappenheimer-Prozeß – denn in der Hauptstadt, respektive der Residenz Maximilians I. hatte man nur darauf gewartet, daß irgendwo in Bayern eine Landstreichersippe wie die Pämbs in die Fänge der Justiz geraten würde.

Infolgedessen erhielt der Amtmann von Altmannstein den Befehl, seine Gefangenen nach München zu überstellen. Mitte April 1600 wurde die Familie, auch Hänsl, in die Residenzstadt gebracht. Der Amtmann und eine Rotte Reisiger begleiteten das Fuhrwerk, auf dem die gefesselten und von der Folter gezeichneten Häftlinge kauerten. Durch das Schwabinger Tor gelangten der Wagen und die Begleitreiter in die Stadt; unweit der Torbastion ragte der Falkenturm über die Wehrmauer empor. Dieser Turm war Verteidigungsanlage und Gefängnisbau zugleich; der Altmannsteiner Amtmann übergab die Familie Pämb dem herzoglichen Beschließer, und der kerkerte die vier Erwachsenen sowie den zehnjährigen Hänsl ein.

Schon einen Tag nach der Einlieferung, am 17. April, erschien eine vierköpfige Abordnung des Herzoglichen Hofrates im Falkenturm, um die Gefangenen in Augenschein zu nehmen. Diese Vorgehensweise war höchst ungewöhnlich, hatte aber einen ganz bestimmten Grund. Die Kommission, die direkt im Auftrag Maximilians handelte, wollte prüfen, ob man mit der Landfahrerfamilie die geeigneten Opfer für das juristische Exempel gefunden hatte, das man zu statuieren gedachte.

Und damit sind wir beim zutiefst menschenverachtenden Hintergrund des Pappenheimer-Prozesses: Herzog Maximilian I. hatte nämlich beschlossen, eine der vielen durch Bayern ziehenden Landstreichersippen zu einer drakonischen Strafe verurteilen zu lassen, um den übrigen Vagabunden dadurch den Aufenthalt in seinem Land zu verleiden. Ob die Angeklagten schuldig oder unschuldig waren, spielte – wie aus den später gefundenen Geheimakten des Hofrates hervorgeht – keinerlei Rolle. Man benötigte lediglich eine Familie, von deren Mitgliedern zu erwarten war, daß sie auf der Folter selbst die wahnwitzigsten Untaten, insbesondere Hexerei und damit Umgang mit dem Teufel, gestehen würden.

Offenbar gewannen die Kommissionsmitglieder den entsprechenden Eindruck; ohnehin hatten Michael und Gumpprecht Pämb schon in Altmannstein zugegeben, Zauberei getrieben zu haben. Also begann man nun unverzüglich mit weiteren Verhören; noch am gleichen Tag nahmen sich die Inquisitoren den ersten Eingekerkerten vor: den zehnjährigen Hänsl.

Die Protokolle dieser und aller folgenden Gerichtssitzungen sind erhalten; demnach stellte man dem Buben zunächst eine Reihe allgemeiner Fragen und wollte dann plötzlich wissen, ob Hänsl nicht irgendwann abgeschnittene Kinderhände bei seinen älteren Brüdern Michael und Gumpprecht gesehen hätte. Als der Bub dies schockiert verneinte, brachte man ihn in den Folterkeller und unterzog ihn der Tortur; daraufhin bestätigte der zweifellos vor Angst und Schmerz völlig verstörte Zehnjährige alles, was man ihm einredete.

Hänsl sagte aus, er habe bei seinen Brüdern die Hände von sieben Kindern gesehen. Drei Paar Hände hätten sie Bettelkindern abgeschnitten; um an die übrigen zu kommen, hätten sie schwangere Frauen ermordet, ihnen die Bäuche aufgeschlitzt und den Ungeborenen die Hände abgetrennt. Diese Kinderhände habe man zum Zaubern gebraucht; man könne mit ihnen Krankheiten heilen, ebenso aber Menschen Schaden zufügen. Außerdem würden solche Hände beim Morden und Stehlen helfen; man müsse sie zu diesem Zweck dörren und zu Pulver zerstoßen, das Pulver in eine Semmel geben und diese essen. So hätten es auch Michael und Gumpprecht gehalten, worauf sie um so besser hätten morden können.

Damit gaben sich die Inquisitoren vorerst zufrieden und ließen den Zehnjährigen zu seiner Mutter in die Kerkerzelle zurückbringen. Am übernächsten Tag, dem 19. April 1600, wurde Paulus Pämb in den Folterkeller geführt. Mehrmals zog man den Siebenundfünfzigjährigen an den nach hinten gereckten Armen am Wippgalgen auf; zuletzt war auch sein Widerstand gebrochen.

Auf die Suggestivfragen hin erklärte Paulus Pämb, daß er bei seinen erwachsenen Söhnen vier oder fünf Kinderhände gesehen habe; darüber hinaus hätten Michael, Gumpprecht und er selbst ein Dutzend Morde begangen. Unter anderem hätten sie bei Geiselhöring einen Bauern erschlagen und ihm drei Gulden geraubt. Einen weiteren Mann, in dessen Tasche vier Gulden gewesen seien, hätten sie in der Nähe von Abensberg umgebracht; ähnlich sei es bei den übrigen Mordtaten hergegangen. Als er am Ende gefragt wurde, ob er und seine Söhne auch Dörfer in Brand gesteckt hätten, versicherte Paulus Pämb, es seien mehrere gewesen; so habe man etwa den ganzen Ort Geltolfing samt dem dortigen Schloß eingeäschert.

Nachdem die herzoglichen Ratskommissare diese irrationalen Geständnisse erpreßt hatten, nahmen sie sich Michael Pämb vor. Seine Kraft, die Folterqualen am Wippgalgen zu ertragen, war stärker als die seines Vaters. Erst als der Büttel ihm das Fleisch mittels einer Fackel versengte, brach auch Michael zusammen. Er gab an, abgetrennte Kinderhände besessen zu haben; einige davon hätte er im Garten des Bauern Schölz zu Tettenwang vergraben. Andere habe er zu Pulver zerrieben und davon gegessen, damit er bei dem Verhör, dem man ihn jetzt unterziehe, standhaft bleiben könne. Aber nun wolle er gestehen, daß er und seine Mutter mit dem Teufelspulver auch Schadenzauber getrieben hätten. In Pfatter an der Donau habe man im vergangenen Herbst das gesamte Vieh auf der Weide vergiftet; genauso in einem Dorf bei Cham und an anderen Orten. Auch hätten sie dem Priester von Altenbuch die Hühner verhext, so daß diese allesamt tot umgefallen seien; ein weiteres Mal zu Pfatter sei es ihnen gelungen, einen jungen Mann durch Zauberei mit dem Pulver zum Krüppel zu machen.

Als einer der Inquisitoren wissen wollte, von wem er den Umgang mit dem Satanspulver erlernt habe, antwortete Michael Pämb, seine

Mutter habe ihn im Alter von vier Jahren eingeweiht. Außerdem räumte er ein, daß die Kinderhände stets durch Mord beschafft worden seien; vorzugsweise habe man schwangeren Frauen die ungeborenen Kinder aus dem Leib geschnitten. Damit nicht genug, wurde Michael gezwungen, zahlreiche Brandstiftungen sowie Kircheneinbrüche zu gestehen, die er zusammen mit seinen Eltern, dem älteren Bruder und dem kleinen Hänsl begangen haben sollte.

All dies bestätigte unter der Folter dann auch Gumpprecht, und nun stand als letzte Vernehmung die der neunundfünfzigjährigen Anna Pämb an. Am 28. April 1600 wurde die betagte Frau aus ihrer Kerkerzelle geholt und der Tortur unterzogen, wobei man ihr von Anfang an unterstellte, daß sie eine Hexe sei. Und auf die Frage, wie sie denn zur Teufelsbuhlin geworden wäre, gab Anna Pämb in ihrer Not eine absolut irrationale Geschichte zu Protokoll.

Vor neun Jahren hätte sie mit ihrer Familie im Kelheimer Armenhaus überwintert und dort eine gewisse Zieglerin kennengelernt. Mit diesem alten Weib habe sie sich angefreundet, und schon bald hätte die Zieglerin sie zum Ausfahren auf der Gabel eingeladen. Zuerst habe sie abgelehnt, sich dann aus Neugierde aber doch zum Gabelritt bereiterklärt. In der folgenden Nacht sei es zum Ausfahren gekommen; die Ofengabeln, auf denen man gesessen habe, hätte die Zieglerin zuvor mit Pulver aus zermahlenen Kinderhänden eingerieben. Die Hexenfahrt habe zuerst in den Weinkeller eines Bauernhofes geführt; dort hätte man sich nach Herzenslust sattgetrunken. Danach seien die Zieglerin und sie zu einem anderen Anwesen geflogen und hätten den Hausknecht mit Hilfe einer Zaubersalbe betäubt, um ihn anschließend zu vergewaltigen. Zuletzt seien sie wieder ins Armenhaus zurückgekehrt, wo dank der Hexenkünste der Zieglerin niemand ihre Abwesenheit bemerkt habe.

Weiter sagte Anna Pämb aus, daß sie neun Tage später auf dem Weg von Abensberg nach Schwaighausen plötzlich dem bewußten Hausknecht begegnet sei. Doch jetzt habe sich dieser als Luzifer zu erkennen gegeben und diesmal von sich aus den Geschlechtsverkehr mit ihr ausgeübt; das Glied des Teufels sei so kalt wie Eis gewesen. Nach dem Beischlaf habe sie dem Leibhaftigen einen Schwur leisten und diesen mit ihrem eigenen Blut auf einen Fetzen Papier schreiben müssen; der Bluteid habe folgenden Wortlaut gehabt: Von nun an wolle sie, die Pämbin, des Teufels Anhängerin sein. Nie wieder wolle sie etwas Gutes tun, sondern statt dessen alles Böse. Nachdem sie den Schwur getan hätte, habe Satan als Unterpfand noch Hautstücke von ihrer linken Brust und der Scham, einen Nagelspan vom linken großen Zeh sowie Haar von allem Haar ihres Leibes gefordert. Als Gegenleistung hätte sie ein großes Geldstück und eine Salbe bekommen; mit letzterer habe sie sodann Schadenzauber an Menschen und Tieren verübt.

Unter der Folter hatte man der bejahrten Frau dieses irrwitzige Geständnis abgepreßt; zweifellos war es ihr von den Inquisitoren suggeriert worden. Bald danach, als Anna Pämb sich in ihrer Zelle ein wenig erholt hatte und wieder klarer denken konnte, widerrief sie ihre Aussagen. Dadurch jedoch erreichte sie nur, daß man sie erneut der Tortur unterzog; wieder brach sie zusammen und bestätigte abermals, was die Hofkommissare von ihr hören wollten. Rettungslos war die Landfahrerin den Inquisitoren ausgeliefert; sie hatte keinerlei Chance gegen deren infame Verhörpraktiken – und ebenso ausweglos war die Situation für die übrigen Angehörigen der Familie Pämb, denen man jetzt ebenfalls Teufelsbündnisse und die schauerlichsten Verbrechen der Hexerei unterstellte.

Auch Paulus Pämb sowie Gumpprecht und Michael erklärten sich im Lauf der folgenden Wochen der gräßlichsten Untaten schuldig; einzig gegenüber Hänsl, dessen Aussagen man offenbar nicht mehr unbedingt benötigte, übten die Kommissare in dieser Zeit eine gewisse Zurückhaltung. Anfang Juli 1600 waren schließlich alle Geständnisse, die man auf Befehl Herzog Maximilians I. erpreßt hatte, protokolliert. Körperlich und seelisch gebrochen, vegetierten die Gefangenen von da an in ihren Kerkerzellen; die herzoglichen Hofräte wiederum beschäftigten sich nunmehr in mehreren Sitzungen mit der präzisen Ausformulierung des Urteils gegen die erwachsenen Mitglieder der Familie Pämb sowie den bestialischen Details der Vollstreckung.

Am 26. Juli dann, einem Freitag, erschienen vier Vertreter der Hofkammer im Falkenturm und eröffneten den Delinquenten, daß sie am darauffolgenden Montag, dem 29. Juli 1600, auf dem Münchner

Rathausplatz ihren Urteilsspruch vernehmen und danach auf dem Galgenhügel vor der Stadt vom Leben zum Tod gebracht werden sollten. Anschließend, so heißt es in den Aufzeichnungen, erhielten die Pämbs statt der üblichen kargen Kerkerverpflegung gebratenes Fleisch und Wein. Während man ihnen die Mahlzeit auftrug, waren auf der Hinrichtungsstätte außerhalb der Stadtmauern bereits die Handwerker mit dem Zimmern des Blutgerüstes beschäftigt. Frühmorgens am 29. Juli holten mehrere berittene herzogliche Amtleute, zwei Priester und eine Schar bewaffneter Büttel die mit Ketten gefesselten Delinquenten am Falkenturm ab und geleiteten sie zum Marienplatz. Hänsl Pämb, der kurz zuvor elf Jahre alt geworden war, befand sich nicht bei seinen Eltern und Brüdern, sondern saß mit auf dem Pferd des Bußamtmanns der Stadt München. Vor dem Rathaus waren Tausende Schaulustige zusammengeströmt; sie sahen, wie das Ehepaar Pämb und dessen erwachsene Söhne zur Freitreppe des Magistratsgebäudes getrieben wurden und auf dem obersten Absatz inmitten ihrer Bewacher Aufstellung nahmen. Und dann hörte die Menge mit wachsendem Entsetzen, welche Fülle an grauenhaften Verbrechen man der Landfahrerfamilie vorwarf.

In allen Einzelheiten verlas ein Ratsknecht die irrationalen Geständnisse. Unter anderem heißt es in dem erhaltenen Dokument, Anna Pämb habe hundert Kinder und neunzehn alte Menschen mit Hexenzauber angegriffen, verstümmelt und auf gottlose Weise ermordet. Ihr Ehemann Paulus sei, von Satan angestiftet, des Mordes in vierundvierzig Fällen schuldig; den angeblich vom Teufel besessenen Söhnen Gumpprecht und Michael wurden vierundfünfzig beziehungsweise hundertdrei Mordtaten angelastet. Insgesamt sollten die vier Pappenheimer also dreihundertzwanzig derartige Schwerverbrechen sowie zahllose weitere Delikte wie Schadenzauber, Raub und Brandstiftung begangen haben; realiter freilich war ihnen keine einzige dieser Untaten nachgewiesen worden.

Aber dies wußte die jetzt bis zum Exzeß aufgepeitschte Menschenmenge nicht; die abergläubischen Bürger nahmen jedes Wort für bare Münze – und als der Münchner Bannrichter zuletzt die Todesurteile gegen die vier Opfer der herzoglichen Willkürjustiz verkündete, brach die Menschenmasse in frenetisches Beifallsgeheul aus.

Das blutrünstige Geschrei steigerte sich noch, während der Richter die schwarzen Stäbe über die Delinquenten brach; danach wandte er sich an den Henker und sprach: »Züchtiger, ich befehle dir bei dem Eid, den du dem weitblickenden, ehrsamen und weisen Rat der Stadt München geschworen hast, daß du die Gefangenen gefesselt zur Richtstatt führen sollst und dortselbst, wie Urteil und Recht es gebieten, die Strafen vollstreckst!«

Was dann folgte, war ein einziger Alptraum menschlicher Bestialität. Noch auf der Rathaustreppe rissen der Scharfrichter und seine Gehilfen den drei männlichen Angehörigen der Familie Pämb mit glühenden Eisenzangen jeweils sechs Fleischfetzen aus den Armen und Oberkörpern. Anschließend schnitt der Henker der Anna Pämb beide Brüste ab und »rieb sie«, wie es in den Akten festgehalten ist, ihr und ihren beiden Söhnen »ums Maul«.

Danach wurden die blutüberströmten Delinquenten zu zwei Schandkarren gezerrt und auf diesen Fuhrwerken aus der Stadt gefahren. Der Bußamtmann, der nach wie vor Hänsl bei sich auf dem Pferd hatte, ritt neben den Karren. Am Fuß des Galgenhügels, der an der Pasinger Landstraße aufragte, kamen die Wagen zum Stehen. Der Scharfrichter und seine Knechte schleppten die Verurteilten auf die Anhöhe; dort erreichte das Grauen seinen Höhepunkt.

Paulus Pämb und seine beiden erwachsenen Söhne wurden vor den Augen der vielen tausend Schaulustigen gerädert; man band die Männer der Reihe nach auf ein Balkengerüst, dann zerschmetterte ihnen der Henker mit einem eisenbeschlagenen Wagenrad die Arm- und Beinknochen. Anna Pämb hingegen blieb wenigstens von dieser Tortur, die traditionell nicht bei Frauen angewandt wurde, ver- schont; allerdings mußte sie wenig später mit ansehen, wie ihr Gemahl auch noch gespießt wurde. Der Scharfrichter rammte dem vor Schmerz brüllenden Paulus Pämb einen kurzen Jagdspieß durch den After in den Dickdarm; in seiner unbeschreiblichen Qual kroch der Bedauernswerte trotz seiner gebrochenen Gliedmaßen über die Hügelkuppe, bis er schließlich zusammenbrach.

Und dies war für den Henker das Zeichen, der staatlich an- geordneten Widermenschlichkeit die Krone aufzusetzen. Ebenso wie seine Frau und seine beiden Söhne wurde Paulus Pämb zu den vorbereiteten Scheiterhaufen geschleppt und festgebunden; sodann stießen die Büttel Fackeln zwischen die mit Öl und Pech getränkten Reisigbündel, und die Delinquenten verbrannten bei lebendigem Leib.

✳✳✳

Herzog Maximilian I. hatte die völlig unschuldigen Landfahrer auf bestialische Weise ermorden lassen, um den Abertausend anderen Heimatlosen, die über die bayerischen Straßen wanderten, Angst einzujagen und sie so aus dem Land zu vertreiben. Doch auch diejenigen unter der Bevölkerung, die barmherzig waren und den Vagabunden zumindest dann und wann Unterkunft gewährten, sollten nach dem Willen des Herzogs möglichst nachhaltig eingeschüchtert werden – deshalb kam es unmittelbar nach dem Pappenheimer-Prozeß, im Sommer und Herbst 1600, zu einem zweiten Tribunal. Diesmal gerieten verschiedene Bekannte der Familie Pämb in die Fänge der herzoglichen Mordjustiz, unter ihnen der Klostermüller von Tettenwang mit Frau und Tochter. Auch diese seßhaften Untertanen folterte man so lange, bis sie gestanden, im teuflischen Bündnis mit den Pappenheimern gewesen zu sein und wie sie schauerliche Untaten begangen zu haben. Am 26. November 1600 brannten die Scheiterhaufen auf dem Münchner Galgenhügel erneut; zusammen mit den Erwachsenen fand ein elfjähriges Kind den Tod in den Flammen: Hänsl Pämb, den man vier Monate zuvor gezwungen hatte, das grausame Sterben seiner Eltern und Brüder mitzuerleben.

Trotz der fürchterlichen Justizmorde, die Herzog Maximilian I. befohlen hatte und die von dessen Hofräten und Richtern als Erfüllungsgehilfen mitgetragen worden waren, verschwanden nur wenige Landstreicher aus Bayern. Die meisten von ihnen blieben; da sie ohnehin nichts mehr zu verlieren hatten und aufgrund ihres Elends sowieso ständig mit dem Tod konfrontiert waren, vermochte sie selbst die Kunde von der Hinrichtung der Pappenheimer nicht zu vertreiben.

Nur eines erreichte Maximilian mit seinem despotischen Verbrechen: Es ging, wie eingangs bereits erwähnt, als Beispiel für grausamste Justizwillkür in die Rechtsgeschichte ein.

Der Fall Kaspar Hauser
Entrechtung und Ermordung eines Prinzen

Das Wetter am 26. Mai 1828, dem Pfingstmontag, war beinahe schon sommerlich; seit dem Morgen strahlte die Frühlingssonne vom wolkenlosen Himmel. Die meisten der rund dreißigtausend Menschen, die damals im weitgehend noch mittelalterlich anmutenden Nürnberg lebten, verbrachten den Nachmittag draußen vor den Mauern im Grünen. Die Stadt selbst lag fast ausgestorben da; nur wenige Bürger waren unterwegs, und zwei von ihnen trafen gegen 16.30 Uhr auf dem Unschlittplatz zusammen. Es handelte sich um die Schuhmachermeister Leonhard Weikmann und Jakob Beck; dort wo die Mittlere Kreuzgasse in den Platz einmündet, plauderten sie miteinander – auf einmal gewahrten die beiden Handwerker einen ungewöhnlich gekleideten Burschen, der mit stolpernden Schritten vom Bärleinhuterberg herab auf den Unschlittplatz kam. Der Halbwüchsige trug einen hechtgrauen Frack mit abgeschnittenen Schößen, eine ebenfalls graue Reithose mit Lederbesätzen, eine rotgestreifte Weste, einen schwarzen Hut und zerschlissene Stiefel, die ihm sichtlich zu klein waren. Als Weikmann und Beck den ungefähr sechzehnjährigen Burschen anredeten, mußten sie feststellen, daß kein vernünftiges Gespräch mit ihm möglich war. Der Halbwüchsige wiederholte lediglich stotternd die Fragen, welche die Männer an ihn richteten; zwischendurch stammelte er mehrmals zwei Wörter, die sich wie »Krieg« und »hoamweisen« anhörten. So ging das eine Weile hin und her; plötzlich jedoch artikulierte der Bursche einen klaren, gut verständlichen Satz: »A sölchana Reiter möcht' i werd'n, wie mei Vater g'wes'n is.« Und kaum hatten die Handwerksmeister diese Aussage vernommen, zeigte ihnen der Halbwüchsige ein versiegeltes Schreiben, auf dem in unbeholfener Schrift stand: »An den Rittmeister der 4. Eskadron der 6. Chevauxlegers in Nürnberg.«
Weikmann und Beck überlegten; weil ihnen der kommandierende

Offizier der Kavallerieeinheit unbekannt war, beschlossen sie, den seltsamen Burschen samt seinem Brief bei der Stadtwache am Neutor abzuliefern. Einer der Wachsoldaten brachte den Halbwüchsigen sodann zum Haus des Rittmeisters von Wessenig, welcher zu dieser Zeit den Befehl über die bewußte Eskadron führte. Allerdings weilte der Offizier gerade in Erlangen und kehrte erst am Abend zurück. Nachdem der Rittmeister den Burschen gesehen und das Schreiben kurz überflogen hatte, lehnte er es ab, sich um den Halbwüchsigen zu kümmern, und ließ ihn der Stadtpolizei überstellen.

Auf der Polizeiwache las man den Brief, welchen der Bursche bei sich hatte, aufmerksamer durch; er war in schlechter Orthographie abgefaßt und hatte folgenden Wortlaut:

»An Tit. Hl. Wohlgebohner Rittmeister bey der 4ten Esgataron bey 6ten Schwolische Regiment in Niernberg.

Von der Baierischen Gränz, daß Orte ist unbenant, 1828.

Hochwohlgebohner Hl. Rittmeister!

Ich schücke ihner ein Knaben der möchte seinen König getreu dienen Verlangte Er, dieser Knabe ist mir gelegt worden. 1812 den 7 Ocktober, und ich selber ein armer Taglöhner, ich Habe auch selber 10 Kinder, ich habe selber genug zu thun daß ich mich fortbringe, und seine Mutter hat nur um die erziehung daß Kind gelegt, aber ich habe sein Mutter nicht erfragen Könen, jetz habe ich auch nichts gesagt, daß mir der Knabe gelegt ist worden, auf den Landgericht. Ich habe mir gedenckt ich müßte ihm für mein Sohn haben, ich habe ihm Christlichen Erzogen, und habe ihm Zeit 1812 Keinen Schrit weit aus den Haus gelaßen daß Kein Mensch nicht weiß davon wo Er auferzogen ist worden, und Er selber weiß nichts wie mein Hauß Heißt und daß ort weiß er auch nicht, sie derfen ihm schon fragen er kann es aber nicht sagen, daß leßen und schreiben Habe ich ihm schon gelehrte er kann auch mein Schrift schreiben wie ich schreibe, und wan wir ihm fragen was er werde so sagte er will auch ein Schwolische werden waß sein Vater geweßen ist.

Will er auch werden, wer er Eltern häte wir er keine hate wer er ein gelehrter bursche worden Sie derfen im nur was zeigen so kann er es schon, Ich habe im nur bis Neumark geweißt da hat er selber zu ihnen hingehen müssen ich habe zu ihm gesagt wen er einmal ein

Soldat ist, kome ich gleich und suche ihm Heim sonst häte ich mich von mein Hals gebracht.

Bester Hl Rittmeister sie derfen ihm gar nicht tragtiren er weiß mein Orte nicht wo ich bin, ich habe im mitten bey der nacht fort geführt er weiß nicht mehr zu Hauß.

Ich empfehle mich gehorsamt Ich mache mein Namen nicht Kuntbar den ich Konte gestraft werden, Und er hat Kein Kreuzer geld nicht bey ihm weil ich selber nichts habe wen Sie im nicht Kalten so müssen Sie im abschlagen oder in Raufang auf henggen.«

Ins Hochdeutsche übertragen, endet das Schreiben also mit den Worten: »Wenn Sie ihn nicht behalten (wollen), so müssen Sie ihn erschlagen oder im Rauchfang aufhängen.« Der anonyme Autor des Briefes hatte dem Schriftstück mit dem so derb formulierten Schlußsatz außerdem noch ein kleines Oktavblatt beigelegt, welches dem Anschein nach nicht erst kürzlich von ihm selbst, sondern schon sechzehn Jahre zuvor von der Mutter des Findelkindes verfaßt worden war: »Das Kind ist schon getauft sie Heist Kasper in Schreib name misen sie im selber geben das Kind möchten Sie auf Zihen sein Vater ist ein Schwolische gewesen wen er 17 Jahr alt ist so schicken sie im nach Nirnberg zu 6ten Schwolische Regiment da ist auch sein Vater gewesen ich bitte um die erzikung bis 17 Jahre gebohren ist er im 30 Aperil 1812 im Jaher ich bin ein armes Mägdlein ich kan das Kind nicht ernehren sein Vater ist gestorben.«

Nachdem die Gendarmen diese Dokumente entziffert hatten, befragten sie den Halbwüchsigen eingehend nach seiner Herkunft. Sie erhielten jedoch immer bloß die stereotypen Antworten: »Dös woaß i nit« oder »Dös derf i nit sag'n«. Zuletzt konnten die Polizisten aber zumindest einen kleinen Erfolg verzeichnen, denn als sie dem Burschen ein Stück Papier gaben und ihn aufforderten, etwas zu schreiben, kritzelte er den Namen Kaspar Hauser auf den Zettel. Mehr freilich war über seine Identität nicht zu erfahren; in den Taschen hatte der Halbwüchsige lediglich ein Konglomerat unverfänglicher Dinge: etwas Brot, einen Rosenkranz, einen Schlüssel, mehrere weißblau karierte Stoffstücke, die wahrscheinlich von einem Bettbezug stammten, und ein Tütchen mit Quarzsand. Zudem trug Kaspar Hauser etliche gedruckte Gebetszettel und religiöse Broschüren bei sich; eins dieser Hefte hatte den Titel »Kunst, die verlorene Zeit und übel zugebrachte Jahre zu ersetzen«. Dieses Traktat war, wie sich später herausstellte, ein indirekter Hinweis auf die schrecklichen Kindheits- und Jugendjahre Kaspars. Die religiösen Gegenstände sollten offenbar seine katholische Erziehung dokumentieren; den Schlüssel, die Fetzen des Bettbezugs sowie das Tütchen mit Sand, respektive Heimaterde hatte man dem Burschen entsprechend dem Brauch der Zeit wohl mitgegeben, um ihm den Neuanfang in der Fremde leichter zu machen. Dies wurde den Gendarmen schnell klar; ebenso fanden sie heraus, daß Kaspar Hauser ungewöhnliche Ernährungsgewohnheiten hatte. Als man ihm nämlich eine Mahlzeit anbot, weigerte er sich, Fleisch zu essen oder Bier zu trinken. Er schien diese Nahrungsmittel nicht zu kennen und wollte nur trockenes Brot und Wasser zu sich nehmen.

Da man den Halbwüchsigen auf der Polizeiwache nicht beherbergen konnte, wurde er zum Gefängnisturm der Nürnberger Burg gebracht und dort vorläufig inhaftiert. Am 28. Mai beauftragte der Magistrat den Gerichtsarzt Dr. Preu, den rätselhaften Burschen zu untersuchen. Der Arzt legte am 1. Juni 1828 einen schriftlichen Bericht über seine Erkenntnisse vor, in dem er unter anderem feststellte: »Nach mehrtägiger Beobachtung sowohl von meiner Seite als durch den hierzu besonders instruierten Gefangenenwärter gebe ich über unseren Findling nachstehendes Gutachten ab: Dieser Mensch ist weder verrückt noch blödsinnig, aber offenbar auf die heilloseste Weise von aller menschlichen und gesellschaftlichen Bildung gewaltsam entfernt worden. Er kann nichts als notdürftig lesen und einige Worte schreiben. Er ist wie ein halbwilder Mensch in Wäldern erzogen worden, ist zur ordentlichen Kost nicht zu bequemen, sondern lebt bloß von schwarzem Brot und Wasser. Doch ist er geimpft, wie man am rechten Arm deutlich sieht. Dieses könnte vielleicht zu weiteren Forschungen führen.«

Eine andere wichtige Beobachtung machte der Stellvertreter des Gerichtsarztes, Dr. Osterhausen, welcher die Untersuchungen Kaspar Hausers anstelle des Anfang Juni erkrankten Dr. Preu fortführte: »Wenn er (Hauser) mit ausgestrecktem Ober- und Unterschenkel in horizontaler Lage auf dem Boden sitzt, so bildet der

Rücken mit der Beugung des Oberschenkels einen rechten Winkel, und das Kniegelenk liegt in gerader Stellung so fest auf dem Boden, daß am Kniebug nicht die geringste Höhlung zu bemerken und kaum ein Kartenblatt unter die Kniekehle zu schieben ist. Daraus geht genügsam hervor, daß der Findling viele Jahre hindurch ununterbrochen in sitzender Stellung zugebracht haben muß.«

Die ärztlichen Gutachten sorgten verständlicherweise für großes Aufsehen unter der Nürnberger Bevölkerung; bald tauchten Scharen von Neugierigen im Gefängnisturm auf, um Kaspar Hauser zu sehen. In dieser Situation – es war inzwischen Mitte Juli geworden – schritt der Präsident des Ansbacher Appellationsgerichts ein: der hochangesehene Jurist Anselm Ritter von Feuerbach. Mit der Begründung, die notwendige Untersuchung des Falles Kaspar Hauser werde durch dessen ständige Zurschaustellung erschwert, veranlaßte Feuerbach, daß der Halbwüchsige unter die Aufsicht des Nürnberger Philosophie- und Philologieprofessors Daumer gestellt und in dessen Haus auf der Pegnitzinsel Schütt untergebracht wurde.

Daumer nahm sich seines Schützlings intensiv an, und aufgrund dieser Fürsorge lernte Kaspar Hauser im Verlauf der folgenden Monate, sich verbal auszudrücken sowie gewandt zu lesen und zu schreiben. Ebenso kehrten jetzt allmählich fragmentarische Erinnerungen des Burschen an Kindheit und Jugend zurück. Kaspar sprach von einem Schloß, in dem er sich als Bub aufgehalten haben wollte, zeichnete einmal sogar ein Adelswappen – und damit gewann der Fall des Findlings von Nürnberg eine ganz neue Dimension.

Zuerst regional, dann auch überregional wurden Vermutungen laut, wonach Kaspar Hauser der Sprößling einer Adels-, womöglich gar einer Hochadelsfamilie sein könnte, den man im zarten Alter entführt und viele Jahre lang irgendwo gefangengehalten habe. Als schließlich beim Nürnberger Magistrat ein in Baden aufgegebener anonymer Brief eintraf, in dem behauptet wurde, Hauser sei der angeblich im Jahr 1812 als Säugling verstorbene Sohn und legitime Erbe des damaligen badischen Großherzogs Karl, war die öffentliche Sensation perfekt. Obwohl die Ratsherren in der Pegnitzstadt das Schreiben für eine Falsifikation hielten, nahm man von nun an in ganz Deutschland und selbst in den benachbarten Ländern lebhaftestes Interesse an der geheimnisvollen Person Kaspar Hausers. Gleichzeitig traten jedoch Kriminelle auf den Plan. Es waren vermutlich dieselben, welche den Findling von Nürnberg im Dezember 1833 ermorden ließen – und am 17. Oktober 1829, knapp eineinhalb Jahre nach seinem Auftauchen in der Pegnitzstadt, erfolgte ein erstes Attentat auf Kaspar Hauser.

***

Als Kaspar die Toilette im Hinterhof des Wohnhauses von Professor Daumer benutzen wollte, wurde er überfallen. Ein Unbekannter versetzte ihm einen Hieb mit einem scharfen Haumesser oder Beil über den Kopf; während Kaspar Hauser blutüberströmt zusammenbrach, hörte er einen haßerfüllten Ruf des Fremden:»Du mußt noch sterben, ehe du aus Nürnberg wegkommst!« Gleich darauf war der Attentäter verschwunden; Kaspar blieb stundenlang besinnungslos auf dem Boden liegen, ehe man ihn fand.

Nachdem er wieder ansprechbar war, beschrieb Kaspar Hauser den Mann, der ihn angegriffen hatte. Dessen Gesicht sei mit einem dunklen Tuch vermummt gewesen, und er habe einen schwarzen Mantel getragen. Eine Nachbarin wiederum, die sich zur Tatzeit in der Nähe des Daumer-Anwesens aufgehalten hatte, erklärte, sie habe zwei Fremde aus dem Hinterhof des Hauses kommen sehen; beide hätten es auffallend eilig gehabt. Und schließlich gab eine weitere Frau zu Protokoll, sie hätte beobachtet, wie sich ein Kerl im schwarzen Mantel in einer Regentonne nahe des Tatortes die Hände gereinigt habe – was die Untersuchungsbehörden vermuten ließ, daß sie mit dem Blut seines Opfers befleckt gewesen waren.

Mehr allerdings konnte die Kriminalpolizei nicht ermitteln; die Gendarmerie mußte sich letztlich damit begnügen, das Daumersche Anwesen so gut wie möglich zu überwachen. Ende 1829 tat der Nürnberger Magistrat ein übriges und bestellte den einflußreichen Freiherrn Gottlieb von Tucher zum Vormund Kaspar Hausers. Baron Tucher sorgte dafür, daß sein Mündel ab dem 30. Januar 1830 im festungsähnlichen Wohnhaus des Magistratsherrn Biberbach am Hübnerplatz untergebracht wurde; dort durfte Kaspar sich bis zum

Sommer desselben Jahres sicher fühlen. Im Juli 1830 schließlich nahm Freiherr von Tucher seinen Schutzbefohlenen im eigenen Stadtschlößchen unweit des Rathauses auf; Kaspar Hauser bezog einen Raum in dem Turm, der das Gebäude überragte. Im Lauf der nächsten Monate beschäftigten sich der Gerichtsarzt Dr. Preu und dessen Stellvertreter Dr. Osterhausen erneut intensiv mit dem rätselhaften jungen Mann. In einem Gutachten, welches dem Magistrat Ende Dezember 1830 vorgelegt wurde, hatten die Ärzte versucht, Kaspar Hausers früheres Leben von der anatomischen und physiologischen Warte aus zu rekonstruieren, und Dr. Osterhausen hatte folgende Ergebnisse zusammenfassend niedergeschrieben: »Erste Periode: Hauser lebte die erste Zeit seiner Kindheit unzweifelhaft unter Menschen und genoß eine Erziehung. Zweite Periode: Später lebte Hauser offenbar lange Zeit in einem geschlossenen Raum. Wahrscheinlich war Hauser, als er eingekerkert wurde, schon vier bis fünf Jahre alt. Sein Kerker muß, wie die Tagblindheit beweist, an der er litt, dunkel gewesen sein. Dritte Periode: Sie beginnt mit Hausers Freilassung aus der Haft. Er kam aus selbiger zwar nach Größe und Aussehen als ein Jüngling zwischen sechzehn und siebzehn Jahren, in Wahrheit aber als ein Kind, das sich seiner selbst noch nicht bewußt ist.«

Nach seinem Auftauchen in Nürnberg allerdings hatten sich Kaspar Hausers geistige Fähigkeiten rasch entwickelt; bestimmt war die vielfache Anteilnahme, die er genoß, hilfreich dabei gewesen. Und dieses öffentliche Interesse an ihm wuchs jetzt, nach der Veröffentlichung der ärztlichen Expertise, noch. Vor allem rätselte man, wo und von wem er eingekerkert worden sein könnte – und schließlich, im Frühling 1831, beschloß der Magistrat der Pegnitzstadt, nach dem Ort von Hausers Gefangenschaft forschen zu lassen. Ein gewisser Polizeioffizier Hickel wurde abgestellt, um die entsprechenden Recherchen durchzuführen. Weil Kaspar Hauser angegeben hatte, er sei knapp drei Tage unterwegs gewesen, ehe er am Pfingstmontag 1828 die Mauern von Nürnberg vor sich gesehen habe, besaß man einen Anhaltspunkt: Hausers Gefängnis mußte in einem Radius von circa vierzig Kilometern um die Pegnitzstadt liegen. Da ferner nur Adelssitze über Kerker verfügten, konzentrierte Hickel seine Nachforschungen auf derartige Bauwerke; seine Untersuchungen blieben jedoch ergebnislos, und Ende Mai 1831 stellte der Gendarmerieoffizier sie resigniert ein.

Ebenfalls in den letzten Maitagen tauchte ein englischer Lord in Nürnberg auf. Sein Name lautete Philip Henry Earl of Stanhope, und das Interesse dieses Mannes an Hauser war über die Maßen groß. Bereits Anfang Juni setzte Lord Stanhope eine Belohnung von fünfhundert Gulden für die Aufklärung des Verbrechens aus, dem Kaspar Hauser zum Opfer gefallen war. Gleichzeitig tat der Lord alles, um das Vertrauen Hausers zu gewinnen. Bald war er ständiger Gast im Patrizierhaus des Barons Tucher, und zwischen ihm und Kaspar entwickelte sich ein freundschaftliches Verhältnis.

Mehr noch: Im September 1831 bat Stanhope den Nürnberger Magistrat, ihm die Vormundschaft für Kaspar Hauser zu übertragen. Zunächst zögerten die Behörden der Pegnitzstadt; vor allem Freiherr von Tucher erhob Einwände und argumentierte, der Lord übe einen negativen Einfluß auf Kaspar aus. Aber Anfang Dezember 1831 kam es zu einem Kompromiß; anstelle Tuchers übernahm der Nürnberger Bürgermeister Binder das Amt des Vormunds, und Stanhope erhielt das Recht, für den materiellen Unterhalt und die Erziehung Hausers Sorge tragen zu dürfen. Ferner wurde beschlossen, daß der Ansbacher Gerichtspräsident Feuerbach an die Stelle des englischen Lords treten sollte, wenn dieser in seinem Heimatland weilte.

Kaum hatte das Nürnberger Kreis- und Stadtgericht so entschieden, zog Stanhope auf Anraten Feuerbachs mit seinem Schutzbefohlenen nach Ansbach. In der damals dreizehntausend Einwohner zählenden Stadt bezog der Lord eine Suite im Hotel »Goldener Stern«, Kaspar Hauser wohnte zunächst bei Anselm von Feuerbach. Mitte Dezember nahm ihn der Ansbacher Lehrer Johann Georg Meyer in seinem Haus auf; Meyer wurde von Stanhope und Feuerbach auch damit betraut, Kaspar Privatunterricht zu erteilen. Der Lord wiederum versprach, seinen Schützling mit auf sein Schloß in der englischen Grafschaft Kent zu nehmen und ihm dort ein Heim zu geben, sobald Kaspar Hausers Ausbildung in Ansbach beendet sei.

Um die spätere Übersiedlung Kaspars vorzubereiten, trat Lord Stanhope bereits am 19. Januar 1832 die Heimreise nach England an.

Danach wollte er schnellstmöglich zurückkehren – zumindest stellte er dies gegenüber seinem Schutzbefohlenen und Anselm von Feuerbach so dar; in Wahrheit freilich hatte der Lord nicht die mindeste Absicht, nochmals nach Ansbach zu kommen, denn schon bald brach er jeden Kontakt ab.

Feuerbach hingegen kümmerte sich engagiert um Kaspar Hauser; er lud ihn oft zu sich ein, sorgte dafür, daß er Anschluß an die Ansbacher Gesellschaft fand, und verschaffte ihm Anfang Dezember 1832 eine Schreiberstelle am Appellationsgericht. Im Mai 1833 aber verlor Kaspar seinen Gönner; während eines Ausflugs brach der erst siebenundfünfzigjährige Gerichtspräsident zusammen und verstarb am übernächsten Tag. Es ist nicht ausgeschlossen, daß Anselm von Feuerbach vergiftet wurde; er selbst scheint diesen Verdacht gehabt zu haben, denn er hatte kurz vor seinem Hinscheiden noch angeordnet, ihn zu obduzieren. Die Leichenöffnung wurde auch durchgeführt, doch der Obduktionsbefund verschwand kurz darauf auf unerklärliche Weise, was den Mordverdacht erhärtet.

Kaspar Hauser war jetzt praktisch auf sich allein gestellt, und das hatte für ihn negative Folgen. Denn nach dem Tod Feuerbachs sah er sich immer ärgeren Schikanen durch seinen Wohnungsgeber und Lehrer Meyer ausgesetzt. Infolgedessen wurde Kaspar in der zweiten Jahreshälfte 1833 von Monat zu Monat unglücklicher; angesichts seiner nunmehr angespannten wirtschaftlichen Verhältnisse hatte er aber keine Möglichkeit, seinem Peiniger zu entkommen. Vorübergehenden Frieden fand er nur auf den Spaziergängen, die er bis zum Frühwinter häufig im Ansbacher Hofgarten unternahm – in jenem Park, wo er seinem Mörder begegnen sollte.

∗∗∗

Der Nachmittag des 14. Dezember 1833 war neblig. Gegen 15 Uhr traf Kaspar Hauser, wie mehrere Zeugen beobachteten, am Eingang zum Hofgarten mit einem etwa vierzigjährigen Mann zusammen, der einen dunkelblauen Mantel mit weitem Kragen und einen schwarzen Hut trug. Die beiden gingen zu einem Denkmal weiter drinnen im Park; dort zückte Hausers Begleiter unvermittelt einen Dolch, stach zu und floh.

Schwerverletzt – die lange Klinge war durch seinen Brustkorb in den Unterleib gedrungen – brach Kaspar Hauser zusammen. Einige Sekunden lag er reglos auf der Erde; plötzlich raffte er sich wieder auf, lief ungeachtet der heftig blutenden Wunde zum Ausgang der Parkanlage und rannte anschließend weiter bis zum Wohnhaus seines Lehrers Meyer. Er traf auf den Pädagogen und zerrte ihn in Richtung des Parks; dabei informierte er Meyer keuchend: »In Hofgarten gegangen ... Mann ... Messer gehabt ... gestochen ...« Erst da begriff der Lehrer, daß ein Anschlag auf Hauser verübt worden war. Er brachte Kaspar wieder ins Haus, dann verständigte er die Polizei und anschließend einen Arzt. Nachdem dieser den Verwundeten untersucht hatte, erklärte er, daß die Stichverletzung lebensgefährlich sei; zwei kurz danach eintreffende Amtsärzte waren jedoch der Meinung, es handle sich keineswegs um eine tödliche Blessur. Ausgerechnet diese Mediziner übernahmen sodann die Behandlung Kaspar Hausers und versäumten es auch noch, ihn in ein Hospital einliefern zu lassen. Kaspar blieb in seiner Schlafkammer liegen; während der folgenden Tage, in denen er zunehmend schwächer wurde, drängten sich ständig Schaulustige in dem kleinen Raum. Am 17. Dezember 1833, genau um 22 Uhr, verstarb Kaspar Hauser. Seine letzten Worte waren von dunkler poetischer Schönheit; sie lauteten: »Die Reise ist lang, und das Haupt ist müde.« Auf dem Ansbacher Johannisfriedhof fand Kaspar Hauser sein Grab; in der Totenrede des Pfarrers hieß es: »Seines Erdendaseins Rätsel kläre ihm, gütiger Gott, dorten auf mit dem Licht Deiner Gnade; seines Erdenlebens Schmerzen verwandle ihm dort in selige Freude.« Später wurde an der Stelle im Hofgarten, wo der Mordanschlag geschehen war, ein bis heute erhaltener Gedenkstein gesetzt, welcher die lateinische Inschrift trägt: »Hic occultus occulto occisus est.«; in deutscher Übersetzung bedeutet der Spruch: »Hier ereilte einen Unbekannten auf unbekannte Weise der Tod.«

**

Generationenlang bemühten sich Historiker, Kriminalisten und Schriftsteller, das Geheimnis zu entschlüsseln; schließlich gelang es auch, den Kriminalfall Kaspar Hauser weitestgehend aufzuklären.

Demnach war das Mordopfer von Ansbach mit an Sicherheit grenzender Wahrscheinlichkeit der Sohn des 1818 verstorbenen Großherzogs Karl von Baden; ein Prinz aus einem der angesehensten deutschen Adelshäuser, den man auf infame Weise um sein Erbe betrogen hatte. Das Verbrechen war perfekt geplant worden – und zwar von einer gewissen Gräfin Luise von Hochberg, der es dadurch gelang, ihren eigenen Sohn auf den badischen Thron zu bringen.

Um die Hintergründe dieser Intrige zu begreifen, ist es zunächst nötig, einen Blick auf die Genealogie der badischen Dynastie zu werfen. Anno 1746 hatte Großherzog Karl-Friedrich die Herrschaft im Karlsruher Schloß angetreten. Er war mit Karoline von Hessen-Darmstadt verheiratet, die ihm drei Söhne gebar und 1783 starb. Vier Jahre später heiratete Karl-Friedrich die Freifrau Luise Geyer von Geyersberg, die er 1796 zur Gräfin Hochberg erhob. Diese Ehe wurde allerdings »zur linken Hand« geschlossen, weil die Freiin Geyersberg nicht standesgemäß war. Konkret bedeutete dies, daß die zweite Gemahlin des Großherzogs und etwaige gemeinsame Kinder nur eingeschränkte Rechte besaßen; insbesondere sollten laut Erbvertrag Söhne aus dieser Verbindung nicht den Status badischer Prinzen bekommen, sondern lediglich einen Grafentitel erhalten. Falls die Nachkommen aus Karl-Friedrichs erster Ehe jedoch aussterben würden, so eine weitere Vertragsklausel, sollte der älteste Sohn aus Karl-Friedrichs morganatischer Ehe auf den großherzoglichen Thron gelangen.

Als Karl-Friedrich 1811 verstarb, war diese Situation allerdings nicht gegeben. Der legitime Erbprinz Karl trat die Thronfolge an; er war seit 1806 mit Stefanie Beauharnais, einer Adoptivtochter Napoleons, vermählt, und am 29. September 1812 wurde dem neuen Großherzogspaar ein Stammhalter geboren. Dieser Sohn wäre der spätere Erbe des badischen Thrones gewesen, aber am 16. Oktober 1812 wurde er plötzlich von Fieberkrämpfen befallen und starb noch am gleichen Tag. Zumindest glaubten dies Großherzog Karl, dessen Gattin Stefanie und mit ihnen der gesamte Hof; in Wahrheit jedoch war ein ganz anderes Kind ums Leben gekommen – und damit beginnt der Kriminalfall Kaspar Hauser.

Die Gräfin Hochberg nämlich hatte offenbar den Erbprinzen heimlich mit dem kranken Säugling einer ihr verpflichteten Karlsruher Arbeiterfrau namens Elisabeth Blochmann vertauschen lassen. In der Wiege im Palast war dem bereits fiebernden Kind der Schädel so brutal gestaucht worden, daß der Bub wenig später an einer Gehirnblutung verstarb. Offiziell hatte damit der badische Thronfolger das Zeitliche gesegnet; realiter dagegen hatte man den zweieinhalb Wochen alten Sohn des Großherzogspaares aus dem Schloß geschmuggelt und ihn vorerst bei der Arbeiterfamilie Blochmann untergebracht. Dieser Tathergang ergibt sich mit fast hundertprozentiger Sicherheit aus der Auswertung einer ganzen Reihe von Indizien, und ebenso konnte durch generationenlange kriminalistische Kleinarbeit recht genau rekonstruiert werden, was weiter geschah.

Bis Anfang 1815 verblieb der geraubte Erbprinz im Haus der Blochmanns und nahm dort ganz einfach die Stelle des ermordeten Säuglings ein. Als Elisabeth Blochmann im Januar 1815 starb, wurde das jetzt zweijährige Kind auf die abgelegene Domäne Beuggen bei Säckingen geschafft. Dieses Rittergut befand sich im Besitz der Gräfin Hochberg und war zum damaligen Zeitpunkt fast unbewohnt; es gab dort lediglich einen Verwalter und einen Pfarrer. Nun kam eine von der Gräfin bezahlte Kinderfrau hinzu, die sich um den kleinen Buben – der für die übrigen Schloßbewohner wohl nichts weiter als irgendein Waisenknabe namens Kaspar Hauser war – kümmerte.

In Nürnberg zeichnete Kaspar einmal sehr präzise das Wappen, das sich über dem Beuggener Schloßportal befand; unter anderem aufgrund dessen konnte dieser Aufenthaltsort des entführten Prinzen später auch definiert werden. Allzu lange freilich blieb das Kind nicht in Beuggen; vermutlich 1817 ließ die Gräfin Hochberg den jetzt fünf Jahre alten Erbprinzen außer Landes bringen – und zwar in das bayerische Dorf Pilsach bei Neumarkt in der Oberpfalz. Dies geschah wahrscheinlich, um die Spur von Kaspar Hausers Herkunft endgültig zu verwischen; damit jedes Risiko ausgeschaltet wurde, sorgte die Gräfin zudem dafür, daß ihr Opfer im Pilsacher Schloß eingekerkert wurde.

Der Schloßherr von Pilsach, ein Freiherr von Grießenbeck, der als Offizier nur selten auf seinem Besitz weilte, war dabei ihr Erfüllungsgehilfe; vermutlich profitierte er finanziell von seinem verbrecherischen Entgegenkommen. Bestochen war eindeutig auch der einzige ständige Bewohner der kleinen Schloßanlage: der ledige Jäger und Verwalter Franz Richter. Und dieser Mann wurde jetzt als Gefangenenwärter Kaspar Hausers tätig; von 1817 bis 1828 versorgte er den heranwachsenden badischen Erbprinzen, der all die Jahre über in einem versteckten Verlies von ungefähr elf Quadratmetern Größe im Untergeschoß des Schlosses vegetierte. Als Nahrung bekam der Gefangene lediglich Brot und Wasser, das zuzeiten, um Kaspar ruhigzustellen, mit Opiumtinktur versetzt wurde. Zum Spielen besaß das Kind drei hölzerne Tierfiguren; eine davon – ein Holzpferd, von dem Kaspar in Nürnberg öfter gesprochen hatte – wurde im 20. Jahrhundert, als man das Schloß renovierte und dabei auf den lange zuvor vermauerten Kerker stieß, wiederentdeckt.

Im Mai 1828 – die Gräfin Hochberg war unterdessen verstorben – wurde Kaspar Hauser in der Nähe Nürnbergs ausgesetzt. Der Grund für seine Freilassung wird wohl darin gelegen haben, daß sich der bereits betagte Franz Richter außerstande sah, den nun beinahe sechzehnjährigen Gefangenen weiter zu beaufsichtigen. Daher erlaubte ihm der Freiherr von Grießenbeck – allem Anschein nach in Abstimmung mit dem erstgeborenen Sohn der Gräfin Hochberg –, Kaspar zur Pegnitzstadt zu bringen. Die absichtlich unbeholfen formulierten Briefe, welche der Schloßverwalter dem kaum der Sprache mächtigen Burschen mitgab, sollten eine falsche Spur legen; uneheliche Soldatenkinder gab es schließlich in der Zeit nach den Napoleonischen Kriegen überall in Deutschland massenhaft.

Diese Rechnung der Verbrecher ging jedoch nicht auf. Schon bald nachdem Kaspar Hauser in Nürnberg angelangt war, wurden erste Vermutungen laut, wonach er adliger, womöglich sogar hochadliger Abstammung sei. Von Monat zu Monat wuchs die Gefahr, daß seine wahre Identität ans Licht kommen könnte, und höchstwahrscheinlich deshalb beschloß der älteste Sohn der Gräfin Hochberg, Graf Leopold, ihn endgültig aus dem Weg räumen zu lassen. Ein erster, stümperhafter Attentatsversuch im Oktober 1829 schlug fehl; aber dann kam Lord Stanhope – ein Agent der Familie Hochberg – ins Spiel. Der Lord, welcher zuvor möglicherweise schon Kaspar Hausers Beschützer Anselm von Feuerbach hatte vergiften lassen, heuerte den Mörder – einen Kriminellen namens Johann Müller – an; dieser erdolchte den entrechteten Erbprinzen am 14. Dezember 1833 im Ansbacher Hofgarten.

Die angestammte Dynastie von Baden war damit endgültig erloschen. Denn der vorletzte legitime Nachfahr Karl-Friedrichs – Großherzog Ludwig, ein Bruder des bis 1818 regierenden Großherzogs Karl – war unverheiratet geblieben und schon 1830 verstorben. Im selben Jahr hatte Graf Leopold, der Erstgeborene der Gräfin Hochberg, aufgrund des bewußten Erbvertrages den badischen Thron bestiegen – und nach dem Mord an Kaspar Hauser im Dezember 1833 konnte er völlig sicher sein, daß ihm niemand mehr die Herrschaft streitig machen würde.

Das Attentat von Berg
Der mysteriöse Tod König Ludwigs II.

Am frühen Abend des 13. Juni 1886 kam König Ludwig II. von Bayern nahe des Schlosses Berg im Uferwasser des Starnberger Sees ums Leben. Mit ihm starb der Nervenarzt Dr. von Gudden, welcher den Monarchen auf einem Spaziergang durch den Schloßpark begleitet hatte. Der Tod des Königs und des Arztes stellt eines der ganz großen Rätsel der bayerischen Kriminalgeschichte dar. Zwar ließ die Münchner Regierung sofort nach dem schrecklichen Geschehen verbreiten, König Ludwig habe zuerst Dr. von Gudden getötet und anschließend Selbstmord begangen, doch an dieser amtlichen Version der tragischen Ereignisse gab es von Anfang an Zweifel.

Hartnäckig hielten sich in der Bevölkerung Gerüchte, wonach Ludwig II. einem Mordanschlag zum Opfer gefallen sei; zahlreiche Menschen in Bayern sind bis heute dieser Meinung. Und in der Tat spricht viel dafür, daß ein professionell geplantes Attentat auf den Monarchen durchgeführt und danach nicht weniger professionell vertuscht wurde. Ernstzunehmende Zeugenaussagen und frappierende Indizien weisen eindeutig darauf hin; ebenso erhärtet die politische Situation Bayerns im Jahr 1886 diesen Verdacht. Ehe wir uns jedoch näher damit beschäftigen, soll rekapituliert werden, was in den Tagen vor dem mysteriösen Tod Ludwigs II. geschah.

***

Am 8. Juni 1886 unterzeichneten vier Nervenärzte ein brisantes psychiatrisches Gutachten. Es handelte sich um den Direktor der Kreisirrenanstalt von Oberbayern und Professor der Psychiatrie an der Universität München Dr. Bernhard von Gudden, einen weiteren Professor namens Dr. Grashey, der Guddens Schwiegersohn war, sowie die Irrenanstaltsdirektoren Dr. Hagen und Dr. Hubrich. Das Attest bezog sich auf den Geisteszustand König Ludwigs, und seine abschließenden Sätze hatten folgenden Wortlaut:

»Ad 1: Seine Majestät sind in sehr weit fortgeschrittenem Grade see-
lengestört, und zwar leiden Allerhöchstdieselben an jener Form von
Geistesgestörtheit, die den Irrenärzten aus Erfahrung wohlbekannt
mit dem Namen Paranoia (Verrücktheit) bezeichnet wird. Ad 2: Bei
dieser Form der Krankheit, ihrer allmählichen und fortschreitenden
Entwicklung und schon sehr langen, über eine größere Reihe von
Jahren sich erstreckenden Dauer ist Seine Majestät für unheilbar
zu erklären und ein noch weiterer Verfall der geistigen Kräfte mit
Sicherheit in Aussicht. Ad 3: Durch die Krankheit ist die freie Wil-
lensbestimmung Seiner Majestät vollständig ausgeschlossen, sind
Allerhöchstdieselben als verhindert an der Ausübung der Regierung
zu betrachten und wird diese Verhinderung nicht nur länger als ein
Jahr, sondern für die ganze Lebenszeit andauern.«
Die Mediziner hatten dieses Gutachten erstellt, ohne Ludwig II.
auch nur ein einziges Mal zu untersuchen; die Diagnose stützte sich
allein auf Aussagen Dritter, respektive Aktenmaterial, das den Ärz-
ten vom Kabinett des bayerischen Ministerpräsidenten Johann von
Lutz zur Verfügung gestellt worden war. Jetzt, am 8. Juni 1886,
wurde die Expertise unverzüglich an den Ministerpräsidenten
weitergeleitet, und damit hatte Lutz die Waffe in der Hand, die es
ihm erlaubte, den König für regierungsunfähig zu erklären. Blitzschnell unternahm der Ministerpräsident alle dazu nötigen Schritte;
bereits in der Nacht vom 9. auf den 10. Juni machte Lutz einen
ersten Versuch, den vierzigjährigen Monarchen seiner Freiheit zu
berauben.
König Ludwig hielt sich zu diesem Zeitpunkt in Neuschwanstein
auf. Gegen Mitternacht – der Monarch wollte eine seiner nächtlichen
Ausfahrten unternehmen – stürzte der Kutscher Osterholzer ins
Gemach und meldete, daß sich etwas Bedrohliches zusammenbraue.
Im nahen Schloß Hohenschwangau sei eine Kommission aus München aufgetaucht, die offensichtlich Böses im Schilde führe. Er sei
den Herren begegnet, als er im Hohenschwangauer Schloßhof die
Rösser für die Nachtfahrt habe anschirren wollen. Einer von ihnen,
Graf Holnstein, hätte ihm befohlen, die Pferde wieder in den Stall zu
bringen; als er, Osterholzer, sich geweigert und dabei auf den königlichen Befehl gepocht habe, sei Graf Holnstein grob geworden und

hätte ihn angeherrscht, der König habe überhaupt nichts mehr zu befehlen, sondern nur noch dessen Onkel, Prinz Luitpold.

Ludwig II. ließ die Polizei alarmieren und die Tore Neuschwansteins versperren; nachdem er diese Vorsichtsmaßnahmen getroffen hatte, begab er sich zu Bett. Um vier Uhr morgens dann rollten tatsächlich mehrere Equipagen vor die Burg; aus den Kutschen stiegen der Staatsminister Graf Krafft von Crailsheim, die Grafen Holnstein und Törring, ein gewisser Legationsrat Rumpler sowie Dr. von Gudden, welcher seinen Assistenten Dr. Müller und etliche Irrenwärter mitgebracht hatte. Minister von Crailsheim trug ein Handschreiben von Ludwigs Oheim Luitpold, dem späteren Prinzregenten, bei sich; es war an den König gerichtet und besagte, daß Ludwig an der »weiteren Ausübung der Regierungsrechte behindert« sei und aus diesem Grunde Luitpold »die Zügel der Regierung ergriffen« habe.

Der Staatsminister und dessen Begleiter forderten den Torwächter auf, sie zu König Ludwig zu führen; im selben Moment aber marschierten zehn Gendarmen vor dem Burgportal auf. Ihr Befehlshaber teilte Crailsheim und den anderen mit, der König habe angeordnet, niemanden einzulassen. Daraufhin kam es zu einem Gerangel, in dessen Verlauf einem der Irrenwärter eine Chloroformflasche aus der Hand geschlagen wurde. Die Flasche mit dem Betäubungsmittel, das zweifellos für den Monarchen gedacht gewesen war, zerbrach. Während sich der Gestank der Chemikalie ausbreitete, machten die Polizisten ihre Gewehre feuerbereit; gleichzeitig rannten königstreue Bauern herbei und nahmen eine drohende Haltung ein.

Crailsheim und den übrigen Regierungsvertretern blieb nichts anderes übrig, als in die Equipagen zu flüchten und zurück nach Hohenschwangau zu fahren. Kaum waren sie verschwunden, ordnete König Ludwig, der unterdessen erwacht war, ihre Verhaftung an. Unverzüglich brachen die Gendarmen nach Hohenschwangau auf; gegen sechs Uhr morgens nahmen sie den Minister und dessen Begleiter fest. Die Gefangenen wurden nach Neuschwanstein gebracht und dort in einigen Dienstbotenkammern eingesperrt; die Burg selbst glich jetzt einem Heerlager, denn es hatten sich mittlerweile Hunderte von Bauern eingefunden, die bereit waren, notfalls mit dem Leben für die Freiheit ihres Königs einzustehen.

Bis zum Mittag blieben die Dinge in der Schwebe; mehrmals soll Ludwig II. in seinem verständlichen Zorn gedroht haben, die Kommissionsmitglieder auspeitschen und foltern zu lassen. Bald freilich verrauchte die Wut des Monarchen, und er entschloß sich, die Gefangenen stillschweigend freizulassen. Am frühen Nachmittag, als auch die Bauern wieder zur Besinnung gekommen waren, wurden die Angehörigen der Regierungskommission in kleinen Gruppen aus der Burg geleitet. In Hohenschwangau bestiegen Minister Crailsheim und die anderen einen Jagdwagen, der sie zur Bahnstation Peißenberg brachte; von dort aus kehrten sie nach München zurück.

Auf Neuschwanstein wiederum traf noch am selben Tag einer der engsten Vertrauten Ludwigs II. ein: sein Flügeladjutant Graf Dürckheim. Mit ihm besprach sich der König; zweifellos kam die Rede dabei auf die Angriffe, welche Ministerpräsident von Lutz bereits während der vergangenen Monate gegen den Monarchen gerichtet hatte. Vor allem Ludwigs »Bauwut« und »Verschwendungssucht« hatte Lutz immer wieder kritisiert; dazu die Unlust des Königs, sich mit Regierungsvertretern zu treffen oder sie zur Audienz auf einem seiner Schlösser vorzulassen. Diese Anwürfe allerdings waren bei genauer Betrachtung aus der Luft gegriffen, denn Ludwig II. pflegte wichtigen politischen Entscheidungen durchaus nicht auszuweichen, sondern äußerte sich in solchen Fällen brieflich oder telegraphisch – und was seine teuren Bauten wie Herrenchiemsee, Linderhof oder Neuschwanstein anging, so hatte der König zum fraglichen Zeitpunkt zwar seinen vom Kabinett bewilligten Etat um dreizehn Millionen Mark überzogen, doch dieser Betrag wäre dank der jährlichen Privateinkünfte Ludwigs in Höhe von fünfeinhalb Millionen Mark auch wieder zu tilgen gewesen.

Der Ministerpräsident hatte also letztlich grundlos Stimmung gegen den Monarchen gemacht; ebenso war sein Versuch, den König handstreichartig zu entmündigen und Luitpold auf den Thron zu bringen, eine Infamie sondergleichen. Das psychiatrische Gutachten, welches Dr. von Gudden und die drei anderen Ärzte unterzeichnet hatten, war schließlich nicht aufgrund einer eingehenden Untersuchung Ludwigs entstanden, sondern basierte lediglich auf Aussagen

Dritter, was jeder verantwortungsbewußten medizinischen Vorgehensweise Hohn sprach. Die vier Psychiater hatten sich bei der Abfassung des Papiers eindeutig ministeriellem Druck gebeugt; hätte der König sich einem unabhängigen Ärztegremium gestellt, wäre dessen Urteil sehr wahrscheinlich ganz anders ausgefallen.

Aus all diesen Gründen riet Graf Dürckheim dem Monarchen nun an jenem 10. Juni 1886, selbst die Initiative zu ergreifen und gegen Lutz und Luitpold vorzugehen. So geschah es; zunächst wurden Telegramme an Kaiser Franz Joseph von Österreich und den deutschen Reichskanzler Fürst Bismarck abgesandt; Ludwig II. bat beide Staatsmänner, ihm beizustehen. Weiter formulierten der König und sein Flügeladjutant eine Proklamation an das bayerische Volk, die Dürckheim an die großen Zeitungen des Landes telegraphieren ließ. In dieser Erklärung hieß es, daß Prinz Luitpold beabsichtige, sich widerrechtlich zum Regenten aufzuschwingen; das Ministerium Lutz unterstütze ihn darin durch Lügen über den Gesundheitszustand des Monarchen. In Wahrheit jedoch sei er, Ludwig, körperlich und geistig so gesund wie jeder andere Herrscher; daher appelliere er an jeden königstreuen Bayern, den Prinzen Luitpold und das Ministerium Lutz als Hochverräter zu bekämpfen. Derselbe Aufruf gehe an die gesamte deutsche Nation, die es um gar keinen Preis dulden dürfe, daß ein deutscher Fürst durch Felonie gestürzt werde.

Schließlich wurde noch eine Depesche an das Kemptener Jägerbataillon geschickt; der König erteilte darin die Order, daß die Soldaten unverzüglich nach Neuschwanstein kommen und seinen militärischen Schutz übernehmen sollten. Dieses Telegramm freilich wurde ebenso wie ein großer Teil der übrigen Depeschen von Regierungsstellen abgefangen. Ludwigs Presseerklärung gelangte offenbar nur an eine einzige bayerische Zeitung, nämlich das »Bamberger Journal«, und nachdem der Telegrammtext am nächsten Tag dort veröffentlicht worden war, ließ der Ministerpräsident das Blatt beschlagnahmen.

Kaiser Franz Joseph von Österreich und der deutsche Reichskanzler Bismarck wiederum erhielten die Depeschen des bedrängten bayerischen Monarchen. Während Franz Joseph eher unschlüssig reagierte, sandte Bismarck sofort Antwort. Er riet Ludwig, auf der

Stelle nach München zu fahren und sich dem Volk zu zeigen; mit Unterstützung der bekanntermaßen königstreuen Münchner Bürger solle er sodann gegenüber der Regierung Lutz für sein ererbtes Herrscherrecht eintreten.

Der Rat des Reichskanzlers war gut; hätte Ludwig II. ihn befolgt, so wäre es ihm wohl möglich gewesen, seinen Thron zu retten. Aber der Monarch zögerte; er war nach den dramatischen Ereignissen dieses 10. Juni am Ende seiner Kräfte und vermochte sich zu keiner Entscheidung aufzuraffen. Auch am folgenden Tag wirkte der König nach späteren Aussagen Graf Dürckheims wie betäubt; er konnte sich selbst dann nicht dazu entschließen, Widerstand zu leisten, als sein Flügeladjutant per telegraphischer Order des Kriegsministeriums in die Hauptstadt befohlen wurde. Ludwig II. entband Dürckheim von seinem Treueid und drängte den Grafen förmlich dazu, nach München zu fahren. Es blieb Dürckheim nichts anderes übrig, als zu gehorchen; unmittelbar nach seiner Ankunft in der Hauptstadt wurde er verhaftet – und auf der Burg Neuschwanstein verfiel der König jetzt in immer tiefere Depressionen.

Schließlich brach die Nacht vom 11. auf den 12. Juni herein. Ruhelos wanderte Ludwig durch seine Gemächer; kurz nach 24 Uhr lockte ein Lakai namens Mayr, der mit den Regierungsorganen unter einer Decke steckte, den König zu einer Tür, die am Ende eines dunklen Korridors in den Bergfried führte. Und dort nahmen Irrenwärter, die unter Führung Dr. von Guddens und Dr. Müllers diesmal heimlich in die Burg eingedrungen waren, den Monarchen fest. Gudden war es auch, welcher dem König folgende Erklärung für diese Maßnahme gab: »Majestät, es ist die traurigste Aufgabe meines Lebens, die ich übernommen habe. Majestät sind von vier Irrenärzten begutachtet worden, und nach deren Ausspruch hat Prinz Luitpold die Regentschaft übernommen. Ich habe den Befehl, Majestät nach Schloß Berg zu begleiten, und zwar noch diese Nacht.«

Gegen vier Uhr morgens an jenem 12. Juni wurde Ludwig II. in den Burghof geführt und gezwungen, eine Equipage zu besteigen, deren innere Türgriffe man entfernt hatte. Während der ungefähr achtstündigen Fahrt zum Starnberger See saß der König allein in dieser Kutsche; die Ärzte und Irrenwärter fuhren in zwei weiteren Equipagen, und ein starkes Aufgebot berittener Gendarmerieoffiziere eskortierte die drei Kutschen. Um die Mittagsstunde erreichte man Schloß Berg; zu jener Zeit eine private Irrenanstalt, die von Guddens Schwiegersohn Dr. Grashey betrieben wurde. König Ludwig wurde in einem Raum untergebracht, den Grashey bereits für ihn hatte vorbereiten lassen; die Fenster waren vergittert, die Tür besaß keine Klinke, statt dessen jedoch ein Guckloch.

Den Rest des Tages und die Nacht zum 13. Juni 1886 hielt sich der Monarch ununterbrochen in diesem Zimmer auf. Am Vormittag des 13. Juni, es war der Pfingstsonntag, unternahm er zusammen mit Dr. von Gudden einen Spaziergang durch den Schloßpark entlang des Seeufers. Zwei Irrenwärter folgten dem König und dem Arzt in dreißig Schritt Abstand, außerdem befanden sich im Park bewaffnete Polizisten.

Nachdem er das Mittagessen eingenommen hatte, ersuchte der Monarch Dr. von Gudden, seinen Oberküchenmeister Zanders, der unterdessen ebenfalls von Neuschwanstein nach Berg gekommen war, empfangen zu dürfen. Gudden gestattete die Unterredung, ließ sich aber zuvor von Zanders das Ehrenwort geben, mit Ludwig nicht über dessen Haft, beziehungsweise irgendwelche Fluchtmöglichkeiten zu sprechen. Als der Oberküchenmeister dann mit dem König allein war, tat dieser zwei höchst nachdenkenswerte Äußerungen.

Zunächst, indem er auf die Fenstergitter und den Türspion wies, beteuerte der Monarch, daß diese Maßnahmen absolut überflüssig seien. So etwas sei bei einem Selbstmordgefährdeten nötig, ganz gewiß jedoch nicht bei ihm, denn er habe keineswegs die Absicht, freiwillig aus dem Leben zu scheiden. Danach erkundigte sich der König bei Zanders, ob die Gendarmen, die im Park patrouillierten, wohl imstande seien, auf ihn zu schießen. Als der Oberküchenmeister erklärte, so etwas sei völlig undenkbar, erwiderte der König, auf jeden Fall werde man ihn bestimmt nicht wieder freilassen, weil diejenigen, die ihn jetzt gefangenhielten, sonst seine Rache zu fürchten hätten. Und gleich darauf fügte Ludwig II. zum Entsetzen Zanders' hinzu, daß man ihn am Ende wohl töten werde.

Dies war das letzte Gespräch, das der König mit einem seiner Vertrauten führte. Während der folgenden Stunden las er mehrere Kapitel des Romans »Der Leonhardsritt« von Maximilian Schmidt. Am Spätnachmittag nahm Ludwig sein Fernglas zur Hand, trat an eines der Fenster und spähte auffallend lange zum Starnberger Seeufer hinüber.

Gegen 18 Uhr bat der König Dr. von Gudden, einen weiteren Spaziergang mit ihm zu unternehmen. Gudden war einverstanden; etwa um 18.30 Uhr verließen der Monarch und der Arzt bei leichtem Regen das Schloß. Die beiden Männer, bei denen sich auf Anordnung Guddens diesmal kein Irrenwärter befand, gingen denselben Uferpfad wie am Vormittag entlang; nach ungefähr zwanzig Minuten erreichten sie das Ende des Schloßparks. Nahe eines Zaunes, der das Gelände hier begrenzte und sich noch ein Stück in den See hinein erstreckte, standen ein Bootshaus sowie eine Ruhebank. Der König und Gudden setzten sich auf die Bank – plötzlich sprang Ludwig II. auf und hastete durch das Uferschilf ins Wasser.

Soweit ist das, was sich am frühen Abend des 13. Juni 1886 in Berg abspielte, einwandfrei dokumentiert. Die genauen Umstände des Todes von König Ludwig hingegen sind bis heute ungeklärt – auch wenn sofort nach der Tragödie jene offizielle Darstellung verbreitet wurde, welche besagte, daß der Monarch den Freitod im See gesucht habe. Laut dieser Regierungsversion soll Ludwig II. unvermittelt ins Wasser gelaufen sein, um sich im See zu ertränken; Dr. von Gudden sei ihm augenblicklich gefolgt und habe versucht, ihn zurückzuhalten. Daraufhin sei es zu einem Zweikampf zwischen dem König und dem Arzt gekommen; der körperlich sehr viel stärkere Monarch habe Gudden unter Wasser gedrückt und ihn ersäuft. Anschließend habe Ludwig II. sich selbst in die Fluten gestürzt und auf diese Weise seinem Leben ein Ende gesetzt.

So die amtliche Darstellung – an der allerdings von allem Anfang an starke Zweifel aufkamen. Beispielsweise lehnte der weiter oben erwähnte Schriftsteller Maximilian Schmidt (besser bekannt unter seinem Pseudonym Waldschmidt), der an Pfingsten 1886 am Starnberger See weilte, die offizielle Erklärung für den Tod des Königs strikt ab. In seiner Autobiographie »Meine Wanderung durch 70 Jahre« schrieb Schmidt hinsichtlich der Behauptung, Ludwig II. habe Selbstmord begangen:»Dagegen spricht ein Argument, das ich um so lieber anführe, als es meinen Schriftstellerstolz berührt. Der Schloßverwalter (von Berg) erzählte mir, daß Seine Majestät am Nachmittage an zwei Stunden bis kurz vor seinem Spaziergang in meinem Buche ›Der Leonhardsritt‹ gelesen habe und das Buch aufgeschlagen habe liegen lassen, jedenfalls zu dem Zwecke, um die Lektüre später fortzusetzen.«

Schmidts Einwand ist stichhaltig. Hätte der König tatsächlich vorgehabt, aus dem Leben zu scheiden, dann hätte er sich unmittelbar vor seinem Suizid gewiß nicht so verhalten, wie der Schriftsteller es schildert. Wenn aber ein Selbstmord ausscheidet, bleiben nur zwei andere Möglichkeiten. Entweder war der Tod des Königs und des ihn begleitenden Arztes ein doppelter Unglücksfall, was sehr unwahrscheinlich ist – oder es geschah am 13. Juni 1886 in Berg etwas Ungeheuerliches: ein Königsmord, der anschließend (fast) perfekt vertuscht wurde.

Auf ein solches Kapitalverbrechen, in das dann freilich höchste Regierungskreise verwickelt gewesen wären, deutet in der Tat vieles hin. Brisante Zeugenaussagen, die lange Zeit unterdrückt wurden, frappierende Indizien sowie die politische Situation in Bayern Anno 1886 sprechen dafür, daß Ludwig II. einem Attentat zum Opfer fiel, das wenig später auch noch einen Mord an Dr. von Gudden zur Folge hatte – und wir wollen nun diesen Spuren nachgehen, die in den amtlichen Protokollen bemerkenswert konsequent nicht berücksichtigt wurden.

***

Augenzeuge des Todes von König Ludwig war nach eigenen mündlichen und schriftlichen Angaben der am Starnberger See lebende königliche Leibfischer Jakob Lidl. Kurz nach den schrecklichen Ereignissen am Abend des Pfingstsonntags 1886 schrieb der damals zweiundzwanzigjährige Lidl seine Erlebnisse detailliert nieder; er benutzte dazu ein schwarzes Schulheft. Nachdem der Fischer 1933 verstorben war, ging das Heft zusammen mit anderen einschlägigen Aufzeichnungen in den Besitz eines gewissen Martin Mertl über, der Lidls Witwe heiratete. 1961 wiederum gab Mertl einen Teil der Dokumente an Albert Widemann, den Vorsitzenden des »König

Ludwig II.-Denkmalvereins München-Starnberg«, weiter. Das Schulheft allerdings behielt Martin Mertl zunächst noch für sich; nach seinem Tod sollte es dann ebenfalls ins Eigentum Widemanns übergehen.

Mertl starb 1963; sofort fuhr Widemann zu dessen Wohnhaus, um das Heft zu holen. Ihm unbekannte Männer in dunklen Anzügen verwehrten ihm jedoch den Zutritt; eine Nachbarin erzählte, die Fremden, die in schwarzen Limousinen gekommen waren, seien kurz zuvor ins Mertl-Haus eingedrungen, hätten es durchstöbert und wohl auch einige Sachen mitgenommen. Widemann mußte unverrichteter Dinge wieder abziehen; später, nachdem Martin Mertls Neffe Josef Mertl das Erbe seines Onkels angetreten hatte, durchsuchte dieser den Nachlaß nach dem Schulheft, konnte es aber nicht finden. Gegenüber Widemann gab er sodann an, daß Martin Mertl einmal zu ihm gesagt habe: »Bub, wenn du das Heft siehst und dessen Inhalt bekannt wird, wird die Welt aufhorchen!« Warum der Inhalt des Schulheftes so brisant sein sollte, konnte Josef Mertl nur vermuten; Albert Widemann indessen wußte mehr. Denn einige Zeit vor seinem Tod hatte ihm Martin Mertl zumindest in groben Zügen mündlich mitgeteilt, was Lidl am 13. Juni 1886 erlebt und in dem Heft festgehalten hatte.

Danach war Jakob Lidl darüber informiert, daß der König am Abend des Pfingstsonntags aus dem Park von Schloß Berg fliehen wollte. Den Fluchtplan hatte laut Lidl Graf Dürckheim ausgearbeitet, der allerdings seit dem 12. Juni in München inhaftiert war. Doch während der Fahrt von Neuschwanstein in die Hauptstadt hätte der Graf sehr wohl noch die Möglichkeit gehabt, aktiv zu werden. Auf den Bahnstationen bestand für ihn die Möglichkeit, Telegramme abzusenden; die Empfänger könnten königstreue Mitglieder des bayerischen Offizierskorps gewesen sein, wo Dürckheim starken Rückhalt besaß. Ebenso ist es denkbar, daß der Graf schon nach den Ereignissen in der Nacht vom 9. auf den 10. Juni – als der erste Versuch, den Monarchen festzunehmen, fehlschlug – entsprechend gehandelt hatte. Auf jeden Fall war am Abend des 13. Juni, so Lidl, die Stunde gekommen, in der Ludwig II. seine Freiheit zurückgewinnen sollte – und zunächst lief auch alles nach Plan.

Mittels kleiner Zettel, welche treue Diener dem König heimlich zuspielten, wurden diesem die nötigen Instruktionen gegeben. Ludwig wußte demnach, daß der Fischer Jakob Lidl am frühen Abend des Pfingstsonntags in seinem Boot nahe des Zaunes am Ende des Schloßparks auf ihn warten würde. Der König sollte durch das seichte Uferwasser zu dem Kahn waten; Lidl wollte den Monarchen dann in die Mitte des Sees rudern, wo Ludwig auf eines von mehreren, mit bewaffneten Gebirgsschützen besetzten Booten umsteigen sollte. Diese Männer wollten den König anschließend wieder zum Seeufer bringen, wo an vier verschiedenen Stellen Fluchtkutschen bereitstanden: nämlich bei Leoni, Ammerland, Ambach und Seeshaupt. Laut Lidl waren die Equipagen von einem Freiherrn Beck von Peccoz zur Verfügung gestellt worden; welche der Kutschen Ludwig benutzen würde, sollte – je nach Lage der Dinge – erst im letzten Moment entschieden werden. Fluchtziel war Tirol, damit Ludwig II. von Österreich aus den Kampf um die Wiedererlangung seiner Krone aufnehmen konnte.

Soweit der von Graf Dürckheim ausgearbeitete Plan, der, wäre er gelungen, bestimmt historische Bedeutung gewonnen hätte. Aber das Unternehmen schlug, so Jakob Lidl weiter, auf dramatische Weise fehl. Nach Aussage des Leibfischers rannte Ludwig II. von der Bank, auf der er zusammen mit Dr. von Gudden gesessen hatte, ins flache Uferwasser und erreichte unbehelligt von dem Arzt den Fischerkahn. Schon machte der König Anstalten, in das Boot zu klettern – als plötzlich im Schloßpark zwei Schüsse fielen. Die Kugeln trafen Ludwig in den Rücken und schleuderten ihn quer über den Kahn; Lidl hatte den Eindruck, als sei der König auf der Stelle tot gewesen. In Panik und Todesangst stieß der Fischer den Körper Ludwigs zurück in den See und ruderte wie gehetzt weg; in seinem Haus angekommen, verkroch er sich im Bett und wartete darauf, daß man ihn verhaften würde.

Doch erst gegen 22.30 Uhr – dreieinhalb Stunden nach dem Königsmord, der ungefähr um 19 Uhr geschehen war – kamen zwei Männer zum Anwesen Lidls. Es waren Guddens Assistent Dr. Müller und der Hofverwalter Leonhard Huber, welche dem Fischer nun, statt ihn zur Rechenschaft zu ziehen, eine verblüffende Mitteilung machten. Sie sagten Jakob Lidl nämlich, König Ludwig und Dr. von Gudden würden seit dem frühen Abend vermißt, und Lidl solle jetzt mit seinem Boot vom See aus bei der Suche nach ihnen helfen. Der Fischer gehorchte, bestieg seinen Kahn und ruderte wieder zu der Stelle am Rand des Schloßparks, wo der Mord passiert war. Dort sah er den König und den Arzt nahe des Ufers leblos im seichten Wasser liegen. Mit Unterstützung Lidls barg man die beiden Leichen; der Fischer dachte zunächst, sie sollten ins Schloß gebracht werden, aber statt dessen mußte Lidl sie zum Bootshaus unweit des Zaunes schleppen. Was unter dessen Dach mit den Toten geschah, bekam der Fischer nicht mehr mit; er beobachtete nur, wie die Leichen nach etwa vier Stunden, gegen drei Uhr morgens, durch den Park zum Schloßgebäude getragen wurden. Am folgenden Tag dann wurde die amtliche Erklärung verbreitet, wonach König Ludwig II. Selbstmord begangen und zuvor seinen Arzt Dr. von Gudden getötet habe – der Leibfischer Jakob Lidl freilich hatte in den Abend- und Nachtstunden des 13. Juni 1886 völlig entgegengesetzte Beobachtungen gemacht.

Stünden Lidls Aussagen für sich allein, könnte man sie eventuell als Einbildung eines über den tragischen Tod seines Königs zutiefst verstörten Menschen abtun. Doch der Fischer ist nicht der einzige, der von Mord sprach. Dasselbe tat auch der Hofrat und Arzt Dr. Rudolf Magg, welcher den Leichnam des Monarchen in Schloß Berg einer Untersuchung unterzog. Über das, was er dabei gesehen hatte, schwieg Dr. Magg viele Jahre; auf dem Sterbebett aber wollte er mit seinem Wissen nicht länger zurückhalten und vertraute sich seiner Tochter Anna an.

Zeitlebens hatte der Arzt, wenn er nach den näheren Umständen beim Tod Ludwigs II. gefragt wurde, die Regierungsversion vom Selbstmord des Königs bestätigt. Jetzt jedoch gestand er seiner Tochter, daß er durch einen strikten Befehl aus dem Justizministerium dazu gezwungen worden war. In Wahrheit hingegen könne von einem Suizid Ludwigs keine Rede sein. Vielmehr sei dieser unzweifelhaft durch Mörderhand ums Leben gekommen, denn im Rücken habe König Ludwig zwei furchtbare Schußwunden gehabt.

Dem wiederum entspricht die Aussage einer Münchnerin namens

Rita Löhner. Deren Ehemann war mit dem 1969 verstorbenen Prinzen Konstantin von Bayern befreundet; der Wittelsbacher weilte oft im Hause Löhner zu Besuch. Und bei einer dieser Gelegenheiten kam die Rede auf den Tod Ludwigs II., wobei Prinz Konstantin eine im Zusammenhang mit der Mordtheorie höchst interessante Geschichte erzählte: Im Alter von elf Jahren sei er im Schloß seiner Eltern in einen sonst stets abgesperrten Raum gegangen. In dem Zimmer hätten an Haken an der Tür ein Mantel und eine Weste gehangen; in den Rückenteilen beider Kleidungsstücke seien jeweils zwei gleiche, kreisrunde Löcher gewesen. Es habe auch noch andere Kleider in dem Raum gegeben; diese aber habe er, Konstantin, nicht mehr untersuchen können, denn er sei erwischt und aus dem Zimmer gezerrt worden. Weiter äußerte der Prinz, er glaube, die Kleidungsstücke König Ludwigs mit zwei Schußlöchern gesehen zu haben; außerdem machte er Andeutungen über einen Bruderkrieg im Hause Wittelsbach.

Alle drei Zeugenaussagen decken sich, und dies ist das Frappierende, in einem entscheidenden Punkt. Sowohl nach den Angaben Lidls als auch nach den Erklärungen Dr. Maggs und des Prinzen Konstantin soll der König durch zwei Schüsse in den Rücken ermordet worden sein. Eine derartige Übereinstimmung in den Aussagen verschiedener Menschen, die zudem keinerlei Kontakt untereinander hatten, kann aber schwerlich Zufall sein; vielmehr erhärtet sich durch sie der in der bayerischen Bevölkerung immer wieder geäußerte Verdacht, wonach Ludwig II. eines gewaltsamen Todes starb, ganz gravierend. Und in dieselbe Richtung weist eine Reihe von Indizien, welche der regierungsamtlichen Darstellung vom Ende des Königs ebenfalls widersprechen.

Nach der staatlichen Verlautbarung sollten Dr. von Gudden und König Ludwig gegen 19 Uhr und kurz nacheinander ertrunken sein. Doch die Uhren der Toten, die später auf Initiative eines Oberamtsrichters namens Jehlen untersucht wurden, beweisen, daß es nicht so gewesen sein kann. Die Taschenuhr des Königs nämlich war bereits um 18.54 Uhr stehengeblieben, diejenige Guddens dagegen sechsundsiebzig Minuten später: um 20.10 Uhr. Beide noch ausreichend aufgezogenen Taschenuhren waren durch eingedrungenes Wasser außer Funktion gesetzt worden, wie ein von Richter Jehlen beauftragter Experte feststellte, und das kann nur eins bedeuten: Ludwig II. stürzte, genau wie der Fischer Lidl erklärte, gegen 19 Uhr tot in den See. Gudden hingegen ertrank keineswegs zum gleichen Zeitpunkt, denn seine Taschenuhr tickte noch mehr als eine Stunde weiter; erst dann geriet auch sie unter Wasser und blieb stehen.

Auf ein Mordkomplott deuten ferner die seltsamen Bedingungen hin, unter denen der Leichnam König Ludwigs in München obduziert wurde. Weder ein Richter noch ein Staatsanwalt waren dabei zugegen, obwohl dies gesetzlich vorgeschrieben gewesen wäre; im offiziellen Protokoll der Obduktion ist außerdem überhaupt keine Todesursache angegeben. Was andere medizinische Befunde angeht, so wurde deren Niederschrift sofort an das Geheime Hausarchiv der Wittelsbacher übergeben. Dennoch drangen im Lauf der Jahre gewisse Detailinformationen an die Öffentlichkeit; so die Tatsache, daß sich kein Wasser in den Lungen der Königsleiche befand, was bei einem Ertrunkenen unmöglich gewesen wäre.

Schließlich wurde in den Ortschaften am Starnberger See immer wieder von einem Eid gesprochen, den die Bediensteten von Schloß Berg unmittelbar nach dem Tod Ludwigs II. hätten leisten müssen. Die Frauen und Männer seien in die Hauptstadt befohlen worden; dort habe man sie gezwungen, vor dem Ministerpräsidenten Lutz persönlich zu schwören, daß sie Stillschweigen über die Ereignisse am Abend und in der Nacht des Pfingstsonntags 1886 bewahren würden. Eine derartige Maßnahme jedoch wäre – ebenso wie die Geheimhaltung der Obduktionsergebnisse – unnötig gewesen, wenn die Regierung nichts zu verbergen gehabt hätte. Falls aber doch, muß es bei dieser staatlich gesteuerten Vertuschungsaktion sogar um zwei Morde gegangen sein, von denen die Öffentlichkeit um keinen Preis erfahren durfte: um das Attentat auf den König selbst sowie um die anschließende Ermordung Dr. von Guddens.

Albert Widemann, der alle hier aufgeführten Zeugenaussagen und Indizien gesammelt und erstmals publiziert hat, ist jedenfalls davon überzeugt, daß nicht nur der Monarch, sondern auch Gudden ein gewaltsames Ende fand. Widemanns Meinung nach war der Arzt, der für das medizinisch höchst fragwürdige psychiatrische Gutachten über den geistigen Zustand des Königs verantwortlich zeichnete, mit im Komplott. Dr. von Gudden müßte dann mit angesehen haben, wie Ludwig II. erschossen wurde; danach, so Widemann, habe er vermutlich den Leichnam vom Blut gereinigt. Das könnte, wenn man Lidls Aussagen berücksichtigt, am ehesten in dem bewußten Bootshaus geschehen sein – und dieses Gebäude, das nachher auffallend schnell abgerissen wurde, wäre gegen 20 Uhr auch der Schauplatz von Guddens Ermordung gewesen. Nach dieser zweiten Bluttat müßte die Leiche Guddens zusammen mit der des Königs in den See geschleppt worden sein; im Wasser blieb um 20.10 Uhr die Taschenuhr des Arztes stehen – und nachdem man alle Spuren an Land verwischt hatte, verständigten Dr. Müller und Leonhard Huber um 22.30 Uhr Jakob Lidl, damit dieser die beiden Toten offiziell bergen sollte.

Hieb- und stichfeste Beweise für diese These besitzt Widemann verständlicherweise nicht, die Indizien allerdings sprechen durchaus für seine Vermutung. Der Leichnam des Psychiaters nämlich wurde sofort auf dem Münchner Ostfriedhof bestattet, obwohl der Arzt angesichts der – zumindest nach außen hin – mysteriösen und allein durch Augenschein keineswegs zu klärenden Umstände seines Todes eigentlich hätte obduziert werden müssen. Man verzichtete aber seltsamerweise – oder vielleicht auch sehr bewußt – darauf, und dies machte mehrere Studenten Guddens stutzig. Sie versuchten, die Leiche Dr. von Guddens eines Nachts kurz nach der Beerdigung wieder auszugraben. Die Polizei, welche die Grabstätte offenbar unter Beobachtung gehalten hatte, schritt jedoch ein – und es ist keineswegs auszuschließen, daß es dabei nicht nur um die Verhinderung eines Leichenfrevels ging.

Wenn König Ludwig II. und Dr. von Gudden tatsächlich ermordet wurden, stellt sich natürlich die Frage nach den Hintermännern eines solchen Verbrechens. Und vielleicht gab der deutsche Reichskanzler Fürst Bismarck einen Hinweis darauf, als er gegenüber dem bayerischen Gesandten in Berlin, Hugo Graf von Lerchenfeld-Köfering, wörtlich äußerte, Ludwigs Feinde hätten ihren eigenen König geschlachtet. Wer diese Todfeinde aber waren, wird klar, wenn man die politische Situation im Bayern der damaligen Zeit betrachtet.

König Ludwig besaß unversöhnliche Gegner im Kabinett Lutz; insbesondere hatte der Ministerpräsident selbst den Monarchen wieder und wieder aufs schärfste attackiert. Im Frühsommer 1886 betrieb der in politischen Angelegenheiten keineswegs unbedarfte Ludwig II. deshalb den Sturz der Regierung Lutz. Der König hatte bereits angekündigt, daß der Vorsitzende der Konservativen im Landtag, Georg Freiherr von Franckenstein, neuer Ministerpräsident werden sollte. Johann von Lutz war damit gezwungen, um sein Amt und seine Reputation zu kämpfen; mit welch niederträchtigen Mitteln er dies tat, beweist das von ihm in Auftrag gegebene psychiatrische Gutachten, welches die Absetzung des Königs zum Ziel hatte.

In der Tat schaffte es Lutz, daß Ludwig II. in Schloß Berg festgesetzt wurde und Prinz Luitpold die Regentschaft in Bayern übernahm – doch angesichts der tiefen Empörung des bayerischen Volkes nach dem Sturz des Königs bestand für den Ministerpräsidenten weiterhin eine große Gefahr. Sofern es Ludwig gelungen wäre, aus Berg zu entkommen, hätte sich der Großteil der Bevölkerung zweifellos sofort auf seine Seite gestellt und ihn wieder in seine Rechte eingesetzt. Und genau das könnte Johann von Lutz und vielleicht weitere Kabinettsmitglieder dazu getrieben haben, kein Risiko mehr einzugehen und den Monarchen durch einen Meuchelmord im Schloßpark von Berg für immer aus dem Weg räumen zu lassen.

»Tod und Entmündigung König Ludwigs II. (…) wurden von einer ›anonymen‹ Ministeroligarchie beschlossen«, schrieb dazu der außerordentlich angesehene bayerische Historiker Karl Bosl – und wenn eine derartige Koryphäe diese Meinung vertritt, dann erschüttert dies die Glaubwürdigkeit dessen, was staatlicherseits über das Ende des Königs verbreitet wurde, um so mehr.

Geächtet, gerädert und gevierteilt
Leben und Ende des Bayerischen Hiasl

»In fuffz'g Jahr seids ös aa hi! Und da Kurfirscht aa!« Mit diesen Worten kommentierte Matthias Klostermayr, besser bekannt als Bayerischer Hiasl, das Todesurteil, welches am 3. September 1771 in Dillingen gegen ihn verhängt wurde. Der Tag, an dem er den bemerkenswerten Ausspruch tat, war – Zynismus des Schicksals oder vielleicht auch bloß der Justiz – sein dreiunddreißigster Geburtstag; am 6. September dann wurde Matthias Klostermayr auf bestialische Weise hingerichtet.

Man räderte, köpfte und vierteilte ihn; danach wurden seine Körperteile in vier verschiedenen Orten zur Schau gestellt. Die Staatsgewalt verstieg sich dazu, um dem Volk zu demonstrieren, was mit einem passierte, der die angeblich gottgewollte Herrschaft von Adel und Kirche höchst kämpferisch in Frage gestellt hatte. Doch trotz ihrer grausamen Vorgehensweise gelang es der kurfürstlichen Justiz nicht, den Bayerischen Hiasl zu einem verabscheuungswürdigen Verbrecher zu stempeln. Mit dem ihr eigenen natürlichen Rechtsempfinden wußte es die Bevölkerung besser – und so wuchs Matthias Klostermayrs Nimbus noch: jener bereits zu seinen Lebzeiten immer legendärer gewordene Ruf des Bayerischen Hiasl, welcher sowohl Räuberhauptmann als auch Sozialrebell gewesen war.

***

Am 3. September 1738 wurde Matthias Klostermayr in der Hofmark Kissing bei Friedberg geboren. Seine Eltern bewirtschafteten einen Kleinbauernhof, zeitweise war der Vater auch als Gemeindehirte tätig. Bis zu seinem sechzehnten Lebensjahr arbeitete Matthias auf der bescheidenen Hofstelle mit; anschließend wurde er Knecht auf dem Meierhof des nahegelegenen Schlosses Mergenthau. Als Achtzehnjähriger kehrte Matthias in seinen Heimatort zurück und verdingte sich bei einem der größeren Kissinger Bauern. In der Folge schloß er Freundschaft mit dem Jäger der Hofmark; dieser nahm Matthias gelegentlich mit auf die Pirsch und brachte ihm das Schießen bei. Möglicherweise jagte Matthias Klostermayr dann und wann auch auf eigene Faust; mit dem Gesetz kam er deswegen jedoch nicht in Konflikt – das passierte erst Anno 1761, als der nunmehr Dreiundzwanzigjährige zum Militärdienst gepreßt werden sollte.

In Kissing erschienen kurfürstliche Soldatenwerber und bedrängten den jungen, kräftigen Klostermayr, Handgeld von ihnen zu nehmen. Matthias weigerte sich; entschieden pochte er auf seine Rechte, die es den Werbern nicht erlaubten, ihn zwangsweise zu rekrutieren. Die Uniformierten wiederum versteiften sich um so mehr auf ihr Vorhaben und bedrohten Matthias, falls er sich weiterhin renitent zeigen würde. Daraufhin gab Matthias Klostermayr zum Schein nach und ging mit den Werbern nach Friedberg. Dort sorgte Matthias dafür, daß die Uniformierten kräftig mit ihm zechten; nachdem der Dreiundzwanzigjährige sie betrunken gemacht hatte, floh er aus der Stadt. Wenig später verfolgten ihn die Werber jedoch hoch zu Roß; Matthias rettete sich in die Lechauen, schwamm über den Fluß und gelangte nach Appertshausen.

Bei einem Bauern in diesem Dorf tauchte er für einige Wochen unter; als Matthias annehmen konnte, daß man ihn nicht länger suchen würde, schloß er sich, um seinen Lebensunterhalt zu verdienen, einem berufsmäßigen Wildschützen namens Xaverius Bobinger an. So begann, eher notgedrungen als freiwillig, die zunächst noch bescheidene kriminelle Karriere von Matthias Klostermayr. Ein paar Monate war er als Gehilfe von Bobinger tätig; Matthias mußte dem anderen das Wild zutreiben und das erbeutete Fleisch zu den Abnehmern schleppen. Da Bobinger ihn jedoch sehr schlecht bezahlte, verließ ihn Matthias Klostermayr bald wieder. Er besorgte sich ein Gewehr und jagte von da an auf eigene Rechnung; zunächst noch allein, dann in Gesellschaft einiger anderer Entwurzelter.

Bis 1765 durchstreifte diese Wildschützenbande die Forste im schwäbisch-altbayerischen Grenzgebiet. Die Mitglieder waren demokratisch organisiert und teilten das Geld, das ihnen der Verkauf des erlegten Wildes einbrachte, gerecht unter sich auf. Es hätte also keinen Grund zu Spannungen gegeben; trotzdem brach zuletzt aus irgendeinem Grund Streit aus, und eines der Bandenmitglieder verriet die übrigen an die Behörden in Landsberg. Die Wilderer wurden überrumpelt und festgenommen, wenig später standen sie vor Gericht. Das Urteil gegen Matthias Klostermayr war – scheinbar – nicht sonderlich hart, es lautete auf neun Monate Kerkerhaft; seine Strafe verbüßte der mittlerweile Siebenundzwanzigjährige in München.

Anno 1766 wurde Matthias Klostermayr entlassen. Das dreiviertel Jahr im Kerker, wo er vermutlich mißhandelt und gedemütigt wurde, hatte seinen Charakter völlig verändert. Von jetzt an hegte er einen unversöhnlichen Haß gegen alle Vertreter der staatlichen Ordnung, und kaum war er wieder auf freiem Fuß, fing er an, einen Privatkrieg gegen sie zu führen. Klostermayr, der mit einem riesigen Fanghund in die Augsburger Gegend zurückgekehrt war, sammelte eine Rotte von Gleichgesinnten um sich; die Männer wilderten hemmungslos und provozierten darüber hinaus Jäger, Polizisten und selbst Soldaten, wo immer sie konnten.

Im Spätsommer 1766 verprügelte die Bande in der Nähe von Tussenhausen einen in Adelsdiensten stehenden Waidmann, den Matthias zuvor von seinem Hund hatte niederreißen lassen. Nachdem sie den Jäger schwer verletzt hatten, bedrohten die Wilddiebe ihn mit dem Tod, falls er ihnen noch einmal in die Quere käme. Als daraufhin ein Aufgebot versuchte, die Klostermayr-Bande festzunehmen, wichen Matthias und seine Kumpane über die österreichische Grenze ins Gebirge aus. Dort boten sie den Bergbauern an, das Wild zu dezimieren, welches durch sein massenhaftes Auftreten ständig die Felder verwüstete. Da die Landwirte selbst nicht jagen durften, weil das Waidwerk ein Privileg des Adels war, ließen sie den Raubschützen nur zu gerne freie Hand und bezahlten sie sogar für das Abschießen des Rot- und Schwarzwildes.

Ab dem Frühjahr 1767 machte die Bande neuerlich die Forste um Augsburg unsicher, und auch hier kam es bald zu stillschweigenden Übereinkünften zwischen den Wildschützen und den Bauern. Dies verärgerte natürlich die adligen und kirchlichen Großgrundbesitzer noch mehr als im Vorjahr; erneut wurden Aufgebote aus Jägern und Soldaten zusammengestellt, um der Klostermayr-Bande das Handwerk zu legen. Zunächst blieb die Menschenjagd erfolglos, dann aber geriet Matthias zusammen mit sechs Gefährten beim Dorf Waldberg in einen Hinterhalt. Es kam zu einem Feuergefecht; mit knapper Not konnte das Gros der Räuber fliehen, doch einer – er trug den interessanten Spitznamen Lissaboner-Beck – fiel den Ordnungshütern in die Hände und wurde in Ketten abgeführt.

Matthias Klostermayr vermochte ihm nicht mehr zu helfen; allerdings fand er rasch heraus, wer ihn und seine Kameraden verraten hatte: der Mesner Eustachius Layd von Steinekirch. Die Räuberbande stürmte dessen Anwesen, stieß im Haus jedoch nur auf Frau und Kinder des Kirchendieners; der Mesner selbst war geflüchtet. Wutentbrannt bedrohte Matthias die Gemahlin des Kirchendieners mit dem Gewehr und schwor, daß er ihren Gatten eines Tages unfehlbar erschießen werde. Dann begann er plötzlich zu lachen und forderte die Kinder auf, laut zu beten, weil nämlich jetzt der Jüngste Tag anbreche. Gleich darauf gab Klostermayr seinen Männern ein Zeichen, worauf diese anfingen, die Einrichtung des Hauses zu zertrümmern; erst als kein Stück mehr ganz war, verließ die Rotte das Anwesen des Mesners von Steinekirch, der für die Obrigkeit Spitzeldienste geleistet hatte.

Einige Zeit nach der Verwüstung des Mesnerhauses legte sich die Bande des Bayerischen Hiasl, wie die mit ihm sympathisierenden Bauern Matthias Klostermayr von nun an immer häufiger nannten, unweit der Ortschaft Siebnach mit einem starken Aufgebot von Jägern an. Bei einem heftigen Schußwechsel wurde einer der Waidmänner an Kopf und Arm verwundet; ungeachtet dessen schafften es die übrigen Jäger, den sogenannten Buben Klostermayrs, einen gewissen Andreas Mayer, gefangenzunehmen und ihn mit sich in Richtung des Dorfes Siebnach zu schleppen. Matthias, welcher zu diesem jungen Burschen ein besonderes Verhältnis hatte, sah rot; er und seine Leute setzten den Gegnern nach und feuerten aus allen Rohren auf sie. So jagten sie ihre Feinde durch Siebnach und trieben sie anschließend bis Ettringen vor sich her; Andreas Mayer freilich konnte nicht mehr befreit werden. Nach längerer Untersuchungshaft kam er vor Gericht und wurde ebenso wie zuvor der Bayerische Hiasl zu neun Monaten Kerkerstrafe in München verurteilt.

In der Folge operierte die Klostermayr-Bande sehr geschickt in der Region zwischen Augsburg und Ulm, wo aufgrund der damaligen Kleinstaaterei mehrere Herrschaftsgebiete zusammenstießen. Die ausgedehnten Wälder in dieser Gegend gehörten teils zum Kurfürstentum Bayern, teils zu den Reichsstädten Augsburg und Ulm; teilweise befanden sie sich aber auch in bischöflich-augsburgischem oder kaiserlichem Besitz. Dieser Umstand erlaubte es den Wilderern, auf dem einen Territorium zuzuschlagen und dann schnell die Grenze zu einem benachbarten Herrschaftsgebiet zu überschreiten – und da die Zuständigkeit der jeweiligen Jagd- und Polizeibehörden auf ihr eigenes Revier beschränkt war, durften sie die Wildschützen nicht über die Territorialgrenzen hinweg verfolgen.

Außerdem legte es Matthias Klostermayr nun offenbar gezielt darauf an, die Herrschaftsjäger massiv einzuschüchtern. Vorzugsweise in den Dorfwirtshäusern stellte man die Waidmänner, entwaffnete und verprügelte sie vor den Augen der übrigen Gäste und drohte ihnen mit dem Tod, sofern sie den Wilderern künftig nicht freie Hand ließen. Häufig pflegte der Bayerische Hiasl dann noch eins draufzusetzen und mitreißende revolutionäre Reden zu halten. Die Bauern waren begeistert, wenn der verwegene Klostermayr ihnen erklärte, daß ihre Ahnen einst allesamt das Jagdrecht besessen hätten; dies sei die natürliche Ordnung der Dinge gewesen, erst später hätten weltliche und kirchliche Feudalherren das Privileg des Waidwerks an sich gerissen und die bäuerliche Bevölkerung damit ihrer angestammten Rechte beraubt. Aber jetzt sei er, Matthias Klostermayr, zusammen mit seinen Freischützen angetreten, um die adligen Blutsauger und ihre Erfüllungsgehilfen – die Jäger, Polizisten und Soldaten – in die Schranken zu weisen.

Auf diese Weise motivierte der Bayerische Hiasl die Bauern, ihn noch entschlossener als bisher zu unterstützen; sie deckten ihn, wo sie konnten, und so mancher Dorfbursche ließ sich von seinen zündenden Reden mitreißen und schloß sich ihm an. Selbstverständlich löste dies um so wütendere Gegenreaktionen der Obrigkeit aus; Kurfürst Max III. Joseph erklärte Matthias Klostermayr in jener Zeit für vogelfrei – und Anno 1768 forderte der Kampf zwischen dem Bayerischen Hiasl und den Herrschaftsjägern die ersten Toten.

Es passierte bei der Ortschaft Kirchberg in einem Revier, das den Grafen Fugger gehörte; mehrere fuggersche Waidmänner umstellten ein Bauernhaus, in dem Matthias mit drei Gefährten übernachtet hatte. Die Jäger forderten die Eingeschlossenen auf, sich zu ergeben, doch der Bayerische Hiasl und seine Kumpane brachen durch die Hintertür aus. Einer der Wilderer wurde auf der Stelle erschossen, unmittelbar darauf stürzten aber auch zwei Waidmänner sterbend nieder; Matthias und seine beiden überlebenden Kameraden retteten sich in den Wald und kehrten zum anderswo weilenden Gros ihrer Gefährten zurück. In den darauffolgenden Tagen mißhandelte die Klostermayr-Bande drei Jäger, die man einzeln aufgriff; danach wechselten die Wildschützen ihr Revier und wurden nunmehr in den Forsten um die Stadt Wertingen, später bei Burgau, Binswangen und Ettenbeuren aktiv.

Angesichts der ständigen Provokationen durch den Bayerischen Hiasl rafften sich die Mitglieder des Schwäbischen Kreises – einer politischen Dachorganisation der Region – im Juni 1769 dazu auf, gemeinsam gegen Matthias Klostermayr und seine Bande vorzugehen. Den Jagdaufsehern, Polizisten und Soldaten wurde das Überschreiten der Territorialgrenzen erlaubt, so daß sie im Kampf gegen die Wildschützen mehr Handlungsfreiheit besaßen. Trotzdem gelang es den Häschern nicht, die Klostermayr-Bande unschädlich zu machen – vielmehr holte der Bayerische Hiasl am 14. September desselben Jahres zu einem spektakulären Gegenschlag aus.

Der Räuberhauptmann und seine Leute zechten an jenem Tag im Wirtshaus von Breitenthal; plötzlich stürzte ein Bursche in die Schankstube und meldete das Anrücken einer Militärstreife. Matthias Klostermayr dachte jedoch keineswegs daran, die Flucht zu ergreifen, sondern bezog samt seiner Bande auf dem Dorfplatz Stellung. Als die Soldaten der mit schußbereiten Gewehren dastehenden Räuber ansichtig wurden, retirierten sie in den nächstgelegenen Bauernhof. Die Wildschützen verfolgten sie und feuerten einmal mehr aus allen Rohren, bis die Uniformierten Hals über Kopf das Weite suchten. Ein Korporal allerdings fiel dem Bayerischen Hiasl in die Hände, und Matthias verdrosch ihn, ehe er ihn zuletzt ebenfalls davonjagte. Dann, nachdem von den Soldaten nichts mehr zu sehen war, formierte sich die Klostermayr-Bande ihrerseits zur Marschkolonne und zog in die nächstgelegene Ortschaft Roggenburg. Dort vertrieben die Wilderer die Schildwache vor dem kurfürstlichen Amtshaus und riefen den in dem Gebäude befindlichen Regierungsvertretern und Soldaten zu, sie würden nun alle über die Klinge springen müssen. Außerdem drohte der Bayerische Hiasl, mit seinen Kumpanen in ein nahegelegenes Reichskloster einzufallen und den Abt in seinem eigenen Gemach zu erschießen. Sowohl die Beamten und Uniformierten im Amtshaus als auch die Mönche, denen Klostermayrs Worte zugetragen wurden, standen Todesängste aus. Zuletzt freilich zog die Räuberbande wieder ab, ohne jemandem ein Haar gekrümmt zu haben; es war dem Bayerischen Hiasl offenbar nur darum gegangen, der Roggenburger Bevölkerung zu zeigen, daß Staat und Kirche keineswegs allmächtig seien.

Im Februar 1770 erlebten auch die Bürger des Marktfleckens Buchloe, wie angreifbar die Obrigkeit war. In diesem Ort nämlich nahm die Klostermayr-Bande das Amtshaus unter Beschuß; zuvor hatten die davor postierten Soldaten kläglich Fersengeld gegeben. Daraufhin sandte der Augsburger Magistrat am 7. März 1770 ein Militäraufgebot gegen die Rotte der Wildschützen aus. Das Unternehmen endete allerdings mit einem Mißerfolg, denn der Bayerische Hiasl und dessen Gefährten hatten sich in unwegsamem Gelände verschanzt, und um an sie heranzukommen, hätten die Soldaten unter dem massierten Beschuß ihrer Gegner eine schmale Bachbrücke überqueren müssen. Infolgedessen verließ die meisten Uniformierten der Mut; nur drei stürmten vor, einer wurde auf dem Steg von einer Kugel getroffen und starb. Notgedrungen gab der kommandierende Offizier den Rückzugsbefehl; unverrichteter Dinge kehrte die Militäreinheit nach Augsburg heim, und der Nimbus Matthias Klostermayrs war neuerlich ein gutes Stück gewachsen.

Während der folgenden Wochen strömten dem Bayerischen Hiasl weitere Gleichgesinnte zu; auch Andreas Mayer, Klostermayrs Bube, der unterdessen aus der Haft entlassen worden war, fand sich wieder ein. Kaum waren der Räuberhauptmann und sein Intimus erneut zusammen, kam es im Dorf Kellmünz abermals zu einem Zusammenstoß mit kurbayerischem Militär. Diesmal blieben zwei tote Soldaten auf der Strecke, die von Matthias Klostermayr und Andreas Mayer erschossen wurden. Die Uniformierten nahmen im Gegenzug zwei Wilderer gefangen, der Rest der Freischützen entkam.

Im Verlauf des Sommers und Herbstes 1770 ereigneten sich noch mehrmals Schießereien zwischen der Bande des Bayerischen Hiasl und Militärstreifen; Tote allerdings waren in dieser Zeit nicht zu beklagen. Am 14. Dezember des genannten Jahres dann griff die Klostermayr-Bande wiederum ein Amtshaus an; diesmal in Täfertingen. Fast zwanzig Wildschützen drangen in das Regierungsgebäude ein, zerschlugen das Mobiliar in den Amtsstuben, mißhandelten den Vogt und raubten mehr als zweitausend Gulden. Mit ihrer Beute zog die Bande nach Unternefsried, wo den Wilderern der Amtsknecht des benachbarten Ortes Agawang in die Hände fiel. Die Rotte traktierte ihn durch Kolbenschläge und Stiche mit den Hirschfängern dermaßen brutal, daß er, ohne noch ein Lebenszeichen von sich zu geben, liegenblieb. Danach umzingelten die Wildschützen den Pfarrhof von Unternefsried, holten den Pfarrherrn gewaltsam ins Freie und zwangen ihn, zuzusehen, wie sie sämtliche Fensterscheiben des Bauwerks zerschossen.

Wiederum wenige Tage später plante Matthias Klostermayr einen Überfall auf das Schloß des Barons von Rackeniz. Weil der Adelssitz, wie der Augenschein ergab, aber nur sehr schwer zu stürmen gewesen wäre, disponierte der Bayerische Hiasl um. Er besetzte das nahegelegene Kloster Medlingen, wo sich zu diesem Zeitpunkt gerade der Amtmann des bewußten Barons aufhielt und mit den Chorherren tafelte. Im Beisein der vergeblich um Gnade flehenden Mönche wurden dem Rackenizer Amtmann die Taschen geleert; die Räuber erbeuteten zwanzig Taler und hielten sich zudem an den Leckerbissen auf der Klostertafel schadlos, ehe sie wieder verschwanden.

Im Jahreswechsel von 1770 auf 1771 fiel die Klostermayr-Bande ins Wirtshaus der oberschwäbischen Ortschaft Elchingen ein, und hier sollte es zum vorletzten Gefecht des Bayerischen Hiasl und seiner Kumpane mit dem Militär kommen. Nachts setzte ein starkes Streifkommando von Ulmer Stadtsoldaten, das den Spuren der vierzehn-

köpfigen Wildschützenrotte gefolgt war, zum Sturm auf die Gastwirtschaft an. Im letzten Moment wurden die Räuber aufmerksam –
und dann entwickelte sich ein Kampf, der zahlreiche Tote kostete.
Verzweifelt verteidigten Matthias Klostermayr und seine Männer
das Haus; so schnell sie konnten, feuerten sie durch Fenster und
Türen. Drei der Uniformierten, darunter der kommandierende
Leutnant und sein Feldwebel, fielen auf der Stelle. Fünf weitere Soldaten wurden innerhalb der nächsten Minuten tödlich verwundet,
der Rest ergriff in panischem Schrecken die Flucht.

Von den Wilderern dagegen erlitt nur ein einziger Mann ernsthafte
Verletzungen – und zwar durch den Fanghund des Bayerischen
Hiasl, welcher zuerst unter den Uniformierten gewütet, dann aber,
wohl im Blutrausch, plötzlich einen der eigenen Leute angefallen
hatte. Am Ende des Gefechts fehlte von dem Hund jede Spur; er
tauchte nie wieder auf – fast so, als hätte er gespürt, daß sich das
Schicksal seines Herrn nach dem fürchterlichen Kampf von Elchingen nun rasch erfüllen sollte.

Matthias Klostermayr hingegen scheint keine derartigen Vorahnun-
gen gehabt zu haben. Er setzte mit seiner Rotte lediglich über die
Donau, unternahm jedoch anschließend, südlich des Stromes, nichts
weiter, um etwaige Verfolger abzuschütteln. Vielmehr drang die
Bande am 6. Januar 1771 in das von seinen Bewohnern verlassene
Gessertshausener Jägerhaus ein, demolierte die Einrichtung und
raubte Geld, Kleider und Waffen. Dasselbe passierte einige Tage später in Frankenried; als die Wildschützen nach dem Überfall auf das
dortige Forsthaus, in dem sich nur die Tochter des Jagdaufsehers
befunden hatte, im Wirtshaus pokulierten, erschien der Dorfpfarrer
und forderte sie auf, ihre Beute zurückzugeben. Tatsächlich händigte
ihm der Bayerische Hiasl drei alte, unbrauchbare Flinten aus – zum
Ausgleich freilich zwang er den Pfarrer, die Zeche für das Gelage in
der Frankenrieder Gastwirtschaft zu bezahlen.

Unterdessen hatte der Schwäbische Kreis ein Aufgebot von rund
dreihundert Soldaten, Jägern und Amtsknechten zusammengestellt;
ein kriegserfahrener Premierleutnant namens Schedel aus der Dillinger Garnison kommandierte die Truppe. Mehrere Tage folgte die
Einheit den Spuren der Klostermayr-Bande; im Morgengrauen des

110

14. Januar 1771 langte das Aufgebot nach einem Nachtmarsch über schneeverwehte Wege vor dem Dorf Osterzell an, wo der Bayerische Hiasl und neun seiner Leute im Wirtshaus Quartier gemacht hatten. Die Tochter des Gastwirts kam aus dem Ort und verriet den Aufenthaltsort der Räuberbande, der Premierleutnant ließ daraufhin die Gastwirtschaft umzingeln. Ehe die Truppe aber einen Überraschungsangriff auf das Wirtshaus durchführen konnte, gab drinnen der Bube des Bayerischen Hiasl Alarm – und Sekunden später war ein wütendes Feuergefecht im Gange.

Beim Sturm auf das Haus fanden zwei in die Gaststube eindringende Soldaten den Tod; dann jedoch trieben andere Uniformierte die Räuber in die Küche zurück und beschossen sie durch drei in diesen Raum führende Türen. Die Klostermayr-Bande wehrte sich nach Kräften; ein Jäger, der an einer der Küchentüren vorbei in den Oberstock des Wirtshauses zu gelangen versuchte, starb auf der Treppe – weiteren Angreifern aber glückte es schließlich, eine über der Küche befindliche Stube zu besetzen. Dort wurden die Dielen ausgehoben und ein darunter liegendes Mauergewölbe aufgebrochen; durch das so entstandene Loch schleuderte man Brandsätze auf die Wildschützen: Schwarzpulverpatronen, die mit Stroh umwickelt und angezündet wurden. Auf diese Weise jagte man die Männer um den Bayerischen Hiasl in die geräumige Speise- und Räucherkammer; zwei allerdings blieben schwerverwundet in der Wirtshausküche liegen und starben kurze Zeit später.

Kaum hatten sich die Räuber in ihrem letzten Refugium verschanzt, brach im unteren Stock der Gastwirtschaft ein Brand aus. Die Soldaten in der Oberstube zerschlugen daraufhin ein nahe des Deckendurchbruchs stehendes großes Bierfaß. Das herausschießende Gebräu löschte die Flammen im Erdgeschoß; gleichzeitig entwickelten sich derart dichte Dampfschwaden, daß die in ihrer Kammer steckenden Wilderer beinahe erstickten. Da zudem die meisten von ihnen mittlerweile Schußverletzungen davongetragen hatten, bot Matthias Klostermayr, welcher selbst von drei Kugeln in die Beine und ins Gesäß getroffen worden war, die Kapitulation an.

Premierleutnant Schedel gab seinen Leuten Order, das Feuer einzustellen, und befahl den Räubern, einzeln und ohne Waffen aus der

Gastwirtschaft zu kommen. Vor der Haustür wurden die acht überlebenden, aus zahlreichen Wunden blutenden Wildschützen einer nach dem anderen gebunden und von einem Feldscher verarztet; unverletzt war lediglich Andreas Mayer geblieben.

Zunächst ließ der Premierleutnant seine Gefangenen ins Zuchthaus von Buchloe bringen; später, nachdem sie einigermaßen wieder genesen waren, wurden Matthias Klostermayr und seine sieben Kumpane nach Dillingen überführt und in der dortigen Fronfeste eingekerkert. Und in Dillingen an der Donau fand auch der Prozeß gegen die Klostermayr-Bande – oder zumindest einen Teil derselben – statt. Fünf Räuber nämlich, darunter Andreas Mayer, konnten nicht vor Gericht gestellt werden, denn ihnen war auf rätselhafte Weise die Flucht gelungen. Die übrigen drei aber wurden am 3. September 1771 zum Tod verurteilt, und am 6. September 1771 vollstreckte der Henker die Strafen. Er köpfte die beiden Gefährten des Bayerischen Hiasl, so daß sie wenigstens schnell starben – Matthias Klostermayr selbst jedoch mußte lange und grausam leiden.

Vor dem Dillinger Rathaus wickelten die Schergen den Bayerischen Hiasl in eine Kuhhaut, legten ihn auf eine Schleife und schleppten ihn durch die Gassen der Stadt zum Galgenhügel außerhalb der Mauern. Nachdem er diese Demütigung durchgestanden hatte, wurde Matthias Klostermayr auf das Blutgerüst gezerrt, wo man ihn an ein Rad fesselte. Mit Hilfe eines Stricks erdrosselte ihn der Scharfrichter; er tat es langsam und lockerte das Seil zwischendurch immer wieder, um den Todeskampf des Delinquenten zu verlängern.

Als der Bayerische Hiasl sein Leben endlich ausgehaucht hatte, brach der Henker ihm die Knochen; zuletzt wurde der Kopf abgeschlagen und der Körper geviertelt. Den Schädel Matthias Klostermayrs steckte man an den Galgen von Dillingen, seine Eingeweide wurden darunter verscharrt. Unweit davon hängte man ein Viertel des Körpers – dasjenige mit dem rechten Arm – an einem zweiten Galgen auf; die drei anderen Stücke des Leichnams wurden nach Schwabmünchen, Füssen und Oberndorf gebracht und dort zur Schau gestellt.

Die Staatsgewalt konnte triumphieren; es war ihr gelungen, den gefürchteten Räuberhauptmann und verhaßten Sozialrebellen zur

Strecke zu bringen und ihn auf bestialische Weise hinzurichten. Jetzt, so hoffte die Obrigkeit, würde die bäuerliche Bevölkerung wieder kuschen, es nicht mehr wagen, gegen die feudalen Jagdgesetze aufzumucken und Matthias Klostermayr allmählich vergessen. Letzteres freilich war ein Trugschluß; das wilde und tragische Leben des Bayerischen Hiasl blieb dem Volk nur zu gut im Gedächtnis – und davon kündet unter anderem die folgende (leicht gekürzte) Moritat, die anonym zum Gedenken an Matthias Klostermayr gedichtet wurde.

Grabschrift des geviertheilten Bayerischen Hiesels

Eilt, Wandrer, nicht vorbey, bis ihr euch auf den Straßen
Den dürren Ueberrest von Hieseln zeigen lassen!
Sein modernes Gebein deckt weder Grab noch Grufft:
Denn sein Begräbniß ist im Element der Luft.

Unstät und hier und dort muß er, als wie im Leben,
In dieser hin und her auch nach dem Tode schweben:
So daß er nicht einmal, wie jeder andrer Mann,
Bei der Vermoderung zum mindsten ruhen kann.

Er war der Wälder Furcht, der Jäger steter Schrecken.
Er jagte oft und floh durch eben diese Hecken,
Schlief meistens Sorgenvoll, wenn andere gewacht,
Und wachte, wenn die Welt geruhig schlief, bey Nacht.

Ein Hirsch, ein schnelles Reh, ein Schwein war seine Beute;
Doch die nicht eben nur, auch manchmal andre Leute.
Denn so gewissenhaft und bloß aufs Wild erpicht,
Daß er was besseres verschmähte, war er nicht.

Er schoß und traf sehr gut, auf was er immer zielte,
Dieß wars, was jedermann vor ihm in Furcht erhielte.
Deswegen war er fest und wies die Kugeln ab,
Die man ihm oftermals auch zu versuchen gab.

Allein, wie fest er war, hat man in vierzehn Wunden,
Die man nach seinem Tod an ihm entdeckt, gefunden.
Der Trotz, den er besaß und klüglich angewandt,
Bezauberte allein die Leute auf dem Land.

Kam es zum Handgemeng mit kriegerischen Schaaren,
Die so gar grimmig nicht auf Blut und Morden waren,
So jagte er sie weg. Und stunden einge gut,
so schlug er sich durch sie mit seiner frechen Brut.

Sein Hund, ein schrecklich Thier mit seinem breiten Rachen,
Den manche nur nicht gar zum Elephanten machen,
Riß fürchterlich herum in der erschrocknen Schaar,
Zerfleischte einige, und andre fraß er gar.

Ein jeder scheuete so eines Wütrichs Hand,
Und sparete sein Blut vors liebe Vaterland.
Allein, der Fürst befahl, den Fortgang dieser Sachen
Einmal zu endigen und Hiesels Schluß zu machen.

Der Hiesel ward also in Osterzell berücket,
Wie es sich in der That vor einen Schlingel schicket:
Er hob die Wachten auf, so bald die Nacht vorbey,
Als obs vor ihn am Tag vollkommen sicher sey.

Da wehrte er sich zwar, als er zurück gewichen,
Mit seiner Bande noch aus der verschloßnen Küchen.
Allein, was half ihm dieß? Da er einmal im Haus
Und in der Enge war, war alles vor ihn aus.

Sein übriges Gefolg, das eben dieß erlitten,
Warf man sodenn nebst ihm auf einen Kälberschlitten.
Im langsamen Triumph, bis alles hier und dort
Zum Sehn zusammenlief, zog man mit ihnen fort.

Des Kerkers Traurigkeit benahm ihm Muth und Galle.
Er saß wie eine Maus nachdenklich in der Falle.
Und gieng, doch nein, er fuhr; doch nein, er fuhr auch nicht,
Man schleifte ihn vielmehr hinaus zu dem Gericht.

Wie es ihm da ergieng, hat er sehr wohl empfunden,
Allein, er hat nunmehr sein Urtheil überwunden.
Rückt es ihm nicht mehr auf und spiegelt euch dafür
An seinen in der Luft erschwarzten Gliedern hier!

Keine Räuberromanze
Das notvolle Dasein des Michael Heigl

Am 27. Juni 1854 erging in Straubing das Urteil gegen den Bayerwaldräuber Michael Heigl: »Im Namen seiner Majestät, des Königs
von Bayern, erkennt der Schwurgerichtshof von Niederbayern zu
Recht, was folgt: Gegen den Michael Heigl auf Todesstrafe mittels
Enthauptung durch das Schwert.«
Unmittelbar nachdem der Urteilsspruch verkündet worden war, entstand wohl die derbe Moritat vom Räuber Heigl, welche bald in
ganz Bayern die Runde machte:

> Im Wald am Kaitersberg, bummbumm,
> da geht der Rauber Heigl um,
> er lurt auf Weiber und aufs Geld,
> das ist ihm 's Liebste auf der Welt.
> Lump und Bazi, Rauberg'sell, etzawell, etzawell
> packt der Gendarm dich auf der Stell.
>
> Da hat verurteilt ihn das Gericht,
> die Strafe paßte ihm gar nicht,
> drum wischt er durch die Tür hinaus,
> und bis man's sieht, ist er schon drauß.
> Lump und Bazi, Rauberg'sell, etzawell, etzawell
> lupf den Arsch und lauf nur schnell!
>
> Er steckt sich dann ein Messer ein
> und schleicht den Leuten hinterdrein,
> die murkst er einfach eiskalt ab
> und schaufelt sich damit sein Grab.
> Lump und Bazi, Rauberg'sell, etzawell, etzawell
> kommt das letzte Ende schnell.

Und eines Tages ham's ihn gehabt,
im tiefen Walde aufgeschnappt.
Sein Ende sieht man hier ganz klar,
als um den Kopf er kürzer war.
Lump und Bazi, Rauberg'sell, etzawell, etzawell
kimmst zum Teufel in die Höll!

Diese Moritat wird bis heute im Bayerischen Wald gesungen, freilich drückt das Lied nicht unbedingt die Wahrheit aus. Denn zum einen wurde der Räuber vom Kaitersberg letztlich nicht enthauptet, sondern zu lebenslanger Zuchthausstrafe begnadigt, worauf er dann allerdings einen noch schrecklicheren Tod als den durch das Schwert erlitt – und zum anderen war Michael Heigl kein skrupelloser Gewaltverbrecher, der Menschen eiskalt abgemurkst hätte, wie es fälschlich in der Moritat heißt. Vielmehr handelte es sich bei dem Bayerwaldräuber um einen, der selbst Opfer war: Opfer der menschenunwürdigen sozialen Zustände im Deutschland des 19. Jahrhunderts.

***

Michael Heigl kam 1816 in Beckendorf bei Kötzting zur Welt. Er war das vierte Kind einer Tagelöhnerfamilie, die im Insthaus eines Bauernhofes wohnte. Derartige Instleute mußten gegen kärgliches Entgelt für den Landwirt arbeiten, der ihnen Unterkunft gewährte; zusätzlich verdingten sie sich, um das tägliche Brot zu verdienen, bei anderen Bauern. Der kleine Michael wuchs also unter ärmlichsten Bedingungen auf. Überliefert ist, daß er in seinen ersten Lebensjahren, wenn die Eltern und größeren Geschwister auf dem Feld schufteten, mittels eines Kälberstricks an einen Pflock am Feldrand gebunden wurde, weil niemand Zeit hatte, ihn zu beaufsichtigen. Schon bald mußte Michael selbst Kinderarbeit verrichten; bereits mit drei, vier Jahren lernte er die Schinderei auf den Äckern kennen.
Bis 1828 lebte Michael Heigl in der elterlichen Kate; in seinem zwölften Lebensjahr kam er als Hüterbub nach Ramsried, einem Einödhof nördlich von Kötzting. Anfangs wurde er herumgestoßen; bald jedoch fand der Ramsrieder Bauer Gefallen an ihm und freun-

dete sich mit dem Beckendorfer Burschen an. Dies freilich nicht ohne Hintergedanken, denn der Einödbauer pflegte zu wildern und suchte einen Spießgesellen für seine verbotenen Pirschgänge. Vom Winter 1828 bis Januar 1832 erlegten der Ramsrieder und Michael eine Menge Wild; zuletzt aber flog der Bauer auf und wurde verhaftet. Wie durch ein Wunder fiel kein Verdacht auf den mittlerweile fünfzehnjährigen Michael Heigl; ungeachtet dessen verließ er im Frühling 1832 den Einödhof und wurde zum jugendlichen Landstreicher.

Michael bettelte sich das Nötigste auf den Anwesen des nördlichen Bayerischen Waldes zusammen; im Mai 1832 übernachtete er im Schuppen eines Einödhofes bei Arrach. Plötzlich sah er sich dem Bauern und zwei Gendarmen gegenüber; die Polizisten nahmen ihn fest und warfen ihm vor, eine ganze Reihe von Einbrüchen begangen zu haben. Michael Heigl kam zuerst ins Kötztinger Gefängnis und dann vor den dortigen Richter. Zwar konnte er die gegen ihn erhobenen Vorwürfe zuletzt entkräften, trotzdem wurde er wegen Müßiggehens zu einer brutalen Prügelstrafe verurteilt.

Bis zum Sommer 1832 verkroch sich Michael bei seiner Familie, dann fand der inzwischen Sechzehnjährige eine Lehrstelle bei einem Schlosser in Furth im Wald. Michael lebte sich bei der Schlosserfamilie ein; die Arbeit machte ihm durchaus Freude, und so kam er auch über den Tod des Vaters im Herbst 1832 hinweg – doch ein Besuch im Beckendorfer Insthaus Anfang 1834 warf ihn erneut aus der Bahn.

Entsetzt über die Not, unter der seine Mutter nach dem Verlust ihres Mannes und dem Weggang aller ihrer Kinder litt, suchte der jetzt Siebzehnjährige nach einem Weg, um ihr zu helfen. Im Frühjahr 1834 bot sich ihm eine – freilich gesetzwidrige – Gelegenheit im Further Pfarrhof. Der Priester hatte den Schlüssel zu einer Truhe verloren, Michael sollte das Schloß mit einem Dietrich öffnen. Leichtsinnigerweise ließ ihn der Pfarrer unbeaufsichtigt arbeiten – und als Michael in der Lade einen Geldsack entdeckte, nahm er ihn an sich und verschwand. Er lief bis Viechtach, wo er Lebensmittel erwarb, die er der Mutter brachte. Anschließend verkroch sich Michael Heigl ein paar Tage in einer Höhle unter dem Gipfel des unweit von Beckendorf aufragenden Kaitersberges; später floh er nach Böhmen.

Im Herbst 1834 kehrte Michael zurück. In Arrach traf er auf eine junge Bauernmagd; sie nahm ihn heimlich mit in ihre Kammer. Spät nachts wurde das Paar vom Bauern ertappt, welcher Michael Heigl vorwarf, er sei in krimineller Absicht in die Gesindekammer eingestiegen und habe einen Raub begehen wollen. Obwohl die Magd für Michael sprach, alarmierte der Einödbauer die Gendarmen; wenige Tage später stand der Achtzehnjährige erneut vor den Schranken des Kötztinger Gerichts.

Diesmal wurde er wegen fortgesetzten Müßiggangs zu zwei Wochen Gefängnis verurteilt; darüber hinaus verhängte der Richter eine zweijährige Polizeiaufsicht über ihn. Außerdem verfügte er per Erlaß an alle Gemeindevorsteher im Kötztinger Amtsbezirk, daß es für diesen Zeitraum jedermann – selbst Michaels nächsten Angehörigen – bei Strafe untersagt war, den Verurteilten bei sich aufzunehmen. Michael blieb nichts anderes übrig, als sich auf den Einöden durchzubetteln und in den Wäldern zu übernachten; gelegentlich allerdings stellten die Bauern die Barmherzigkeit über die obrigkeitliche Anordnung und beherbergten den Burschen wenigstens für kurze Zeit. Als dies freilich am Kötztinger Gericht ruchbar wurde, statuierte man ein Exempel und bestrafte einen Waldbauern und eine Witwe, die Michael Heigl Obdach gewährt hatten.

Daraufhin blieb Michael nur noch eine einzige Zuflucht: die abgelegene Höhle unter dem Gipfel des Kaitersberges. In dieser Kaverne vegetierte Michael bis zum Januar 1835; er brachte sich mit Fallenstellen durch, manchmal stieg er auch ins Tal hinunter, um Nahrungsmittel zu stehlen. Schließlich, als der Frost zu grausam wurde, verließ er die Höhle und wanderte durch die tiefverschneiten Wälder nach Deggendorf.

In der Donaustadt traf er einen Hausierer wieder, den er aus Böhmen kannte. Dieser Mann beherbergte ihn bis zum Frühjahr und finanzierte ihm dann die Ausrüstung eines ambulanten Händlers: einen Karren, der von einem Wagenhund gezogen wurde, sowie eine Erstausstattung an Geschirr. Nachdem er mit seinem Hund aufgebrochen war, stellte Michael Heigl fest, daß sich mit den Tonwaren, die er auf den Bauernhöfen anbot, gute Geschäfte machen ließen. Er graste große Teile des Waldgebirges ab und kehrte im Herbst nach Deggendorf zurück.

Im Frühling 1836 zog er abermals los; auf einem Einödhof zwischen Viechtach und Kötzting verliebte er sich in eine gewisse Mirl, die Pflegetochter der Bauersfamilie. Ein paar Tage später brannte die junge Frau mit ihm durch; im Herbst brachte der mittlerweile zwanzigjährige Michael seine jetzt schwangere Geliebte auf den Hof ihrer Pflegeeltern heim. Er selbst wanderte zurück nach Deggendorf; unterwegs wollte er seine Mutter besuchen, fand jedoch nur noch ihr Armengrab. Im folgenden Frühling 1837 zeigte ihm Mirl seinen Sohn, begleitete ihn, das Kind in der Obhut der Bauersleute lassend, anschließend neuerlich auf seiner Handelsreise – und war im Herbst wiederum guter Hoffnung. Zum Jahreswechsel entband sie erneut auf dem Einödhof und schenkte diesmal einem Mädchen das Leben; Michael Heigl verbrachte den Winter einmal mehr in Deggendorf.

Im Frühjahr 1838 lernte Michael sein zweites Kind kennen; danach zog er, einsichtig geworden, allein weiter. Zuvor aber hatte er Mirl versprochen, so bald wie möglich seßhaft zu werden; das Paar wollte eine Kate mit ein bißchen Acker- und Wiesenland erwerben. Michael Heigl hoffte, daß das Hausieren innerhalb der nächsten paar Jahre genug für die Anzahlung auf ein solches Sachl einbringen würde – wenige Monate später jedoch wurden seine Träume mit einem Schlag zunichte.

Michael rastete im Blaibacher Wirtshaus; plötzlich tauchte ein Gendarm auf und wollte den Gewerbeschein des Hausierers sehen. Michael Heigl hatte von einem solchen Dokument, das erst kurz vorher in Bayern eingeführt worden war, noch nie etwas gehört. Trotzdem verhaftete ihn der Polizist, beschlagnahmte den Handelskarren, die Waren und den Hund und brachte Michael nach Kötzting, wo man ihn ohne Gerichtsverhandlung kurzerhand ins Gefängnis sperrte.

Nachdem er eine volle Woche in der Zelle gesessen hatte, randalierte Michael Heigl; daraufhin schlugen ihn die Gendarmen zusammen und ketteten ihn an die Zellenwand. So verbrachte der Mißhandelte eine weitere Woche, erst dann führte man ihn dem Richter vor. Und der erließ das folgende unmenschliche Urteil: »Der ledige Michael Heigl von Beckendorf wird wegen Beleidigung und Sachzerstörung in der Fronfeste von Kötzting mit fünfundzwanzig Stockschlägen bestraft, welche ihm sofort nach der Urteilsverkündung zu verabfolgen sind. Weiter wird der genannte Heigl wegen ungesetzlichen Herumtreibens und Hausierens ohne Gewerbeschein zu zwei Jahren Zwangsarbeit in das Arbeitshaus eingeliefert.«

Der Richter diktierte diesen Urteilsspruch dem Protokollführer, keiner der beiden Männer achtete auf Michael Heigl. Die zwei Polizisten wiederum, die an der Wand des dämmerigen Raumes saßen, scheinen arg schläfrig gewesen zu sein – auf jeden Fall bemerkten weder sie noch der Richter oder der Schreiber, wie der Verurteilte aus dem Saal huschte. Erst als Michael weg war, wurde der Richter aufmerksam und schrie: »Der Heigl ist uns ausgerissen!« Die Antwort des Protokollführers besaß Komödienqualität; er deutete nämlich auf Michaels Hut, den dieser auf der Anklagebank zurückgelassen hatte, und erwiderte: »Das ist doch nicht möglich! Sein Hut liegt ja noch da ...«

Michael Heigl entkam und verschwand in den Wäldern am Fuß des Kaitersberges. Der Kötztinger Richter veranlaßte eine Großfahndung, doch es gelang den Gendarmen nicht, Michael aufzuspüren. Der nämlich hatte sich in die nur sehr schwer zugängliche Höhle unter dem Gipfel des Kaitersberges zurückgezogen und wartete dort ab, bis die Jagd eingestellt wurde.

Zunächst brachte sich Michael Heigl mit Fallenstellen durch; außerdem gab es im Wald genügend Beeren und Pilze. Aber dann brach der Winter herein; damit wurde das Überleben extrem schwierig – und dies war die Notsituation, in der Michael gar nichts anderes übrigblieb, als zum Räuber zu werden. Das erste Mal schlug er zwischen Arndorf und Grafenwiesen zu. In der Abenddämmerung fuhr ein wohlhabender Bauer im Gäuwagen vom Wirtshaus heim; Michael Heigl erleichterte den angetrunkenen Ökonomen um dessen Barschaft sowie die warme Oberbekleidung. In der folgenden Zeit unternahm er weitere Beutezüge; er stieg auf Bauernhöfen ein und verschaffte sich dort Decken und Lebensmittel.

Im März 1839 tat der Bayerwaldräuber dem Kötztinger Richter einen weiteren Tort an. Dieser hatte Michaels Geliebte Mirl wegen angeblich unmoralischen Lebenswandels unter Kuratel gestellt; anders ausgedrückt: Er hatte sie einem mit ihm verwandten Groß- bauern in Gotzendorf bei Hohenwarth als billige Arbeitskraft zuge- teilt und die junge Mutter dadurch auch noch gezwungen, sich von ihren Kindern zu trennen. Dies war abermals ein Akt von Justiz- willkür, doch jetzt bekamen sowohl der Richter als auch der Got- zendorfer Gutsbesitzer die Quittung dafür. Denn Michael Heigl machte den Aufenthaltsort Mirls ausfindig und überredete sie, mit ihm durchzubrennen.

Das Paar hauste das ganze Jahr 1839 in der Kaitersberger Höhle; um den Lebensunterhalt zu sichern, beraubte Michael zahlreiche Anwe- sen. Wieder fahndeten die Polizisten nach dem Renegaten und waren dabei genauso erfolglos wie im Vorjahr; Michael Heigl kannte die Wege und Stege im Waldgebirge ungleich besser als sie und durfte sich deshalb sicher fühlen. Sorgen hingegen machte ihm schon bald Mirls Zustand. Die junge Frau nämlich wurde im Sommer zum drit- tenmal schwanger, und das Paar rechnete sich aus, daß das Kind im März 1840 zur Welt kommen würde. Mirl würde in der Höhle ent- binden müssen; zuvor drohte noch der harte Winter in der Wildnis. Es blieb Michael nur eines übrig: bis zum Einbruch der kalten Jahreszeit ausreichend Vorräte zusammenzutragen und die Kaverne möglichst winterfest zu machen.

Tatsächlich überstand die Hochschwangere die Frostmonate; im März kam das Kind zur Welt. Doch Mirl konnte den Säugling nicht stillen, deshalb brachte Michael Heigl das Kind zu ihren ehemaligen Pflegeeltern. Als er zwei Tage später auf den Kaitersberg zurück- kehrte, fand er die Höhle leer. Erneut lief er zu dem Anwesen, von dem er gerade gekommen war – dort teilten ihm Mirls Pflegeeltern das Schreckliche mit: Die Wöchnerin hatte es im Urwald allein nicht mehr ausgehalten und sich am Vortag zum Hof geschleppt. Wenige Stunden später waren Gendarmen aufgetaucht, hatten Mirl verhaftet und nach Kötzting gebracht. Und dort hatte der Richter sofort eine Verhandlung angesetzt; wegen Hurens mit dem Räuber Heigl hatte er die dreifache Mutter zu drei Jahren Arbeitshaus verurteilt.

Von jetzt an häuften sich Michael Heigls Straftaten; wo er bisher um des Überlebens willen gestohlen hatte, schlug er nun haßerfüllt zu. Er lauerte reichen Bauern auf und zwang sie, ihm ihr Geld herauszugeben. Oft vertrank er das Raubgut dann zusammen mit den Gästen abgelegener Winkelwirtschaften: mit Kleinbauern, Instleuten oder Vagabunden.

Im Sommer 1840 spähte Michael Heigl nachts durch ein Fenster des Zeltendorfer Gasthauses; drinnen saßen einige Landwirte und der örtliche Müller beim Bier. Michael hörte, wie der Mühlenbesitzer abfällig über ihn sprach; einige Tage später pirschte sich der Räuber an die Mühle heran und steckte einen Heuhaufen in Brand. Da es auf dem zu diesem Zeitpunkt menschenleeren Anwesen ruhig blieb, zündete Michael Heigl weitere Schober an; zuletzt trollte er sich ganz gemütlich. Doch ein in der Nähe fischender Knecht war auf ihn aufmerksam geworden und hatte die Kötztinger Polizei alarmiert. Zwei berittene Gendarmen machten sich auf die Jagd nach Michael und stellten ihn in einem Bachtal. Scheinbar ergab sich Michael Heigl in sein Schicksal; als die Polizisten jedoch von ihren Pferden stiegen, um ihn zu fesseln, überwältigte er sie, nahm dem Streifenführer das Gewehr ab und entkam.

Die Regierung setzte eine Prämie von fünfzig Gulden für die Ergreifung des Räubers aus und verstärkte zudem den Kötztinger Gendarmerieposten. Polizisten und Kopfgeldjäger versuchten, Michael Heigl aufzuspüren, aber keinem gelang es. In seiner Höhle war Michael unauffindbar; dies um so mehr, als er sich für den Rest des Sommers mit Überfällen zurückhielt. Ein Kleinbauernsohn, mit dem er sich angefreundet hatte und der auf den Spitznamen Maulaffenhiasl hörte, versorgte ihn heimlich mit Lebensmitteln – und er informierte Michael auch darüber, daß ein gewisser Stangl, seines Zeichens Gerichtsdiener in Kötzting, überall in den Wirtshäusern herumschreie, der Räuber vom Kaitersberg müsse gehängt oder geköpft werden.

Im Frühherbst 1840 saß Stangl im Wirtshaus von Schönbuch; plötzlich sprang Michael Heigl durchs offene Fenster herein, packte den Gerichtsdiener, hob ihn hoch und schleuderte ihn zwischen die übrigen Gäste. Danach brüllte er, so werde es jedem ergehen, der ihm ans

Leder wolle. Ehe die Bauern ihn packen konnten, war Michael wieder verschwunden; Stangl lag später wochenlang im Spital.

Im Oktober 1840 allerdings geriet Michael Heigl selbst arg in die Bredouille. In einem Hohlweg bei Eschlkam stellten ihn vier Polizisten; mit knapper Not gelang Michael zunächst die Flucht, doch bei einer Mühle wurde er erneut in die Enge getrieben. Die Gendarmen kreisten ihn ein und schossen auf ihn – in äußerster Bedrängnis sprang der Räuber in den Strudel unter dem laufenden Mühlrad. Sein Körper verschwand in den wirbelnden Wassermassen; die Polizisten glaubten, er sei ertrunken, und suchten lange nach seiner Leiche. Aber Michael Heigl war unter dem Mühlrad durchgetaucht und hatte sich von der reißenden Strömung wegtragen lassen. So hatte er sich gerettet – und schon wenige Tage danach schlug er spektakulär wie nie zuvor gegen die Staatsgewalt zurück.

Nachts drang er ins Kötztinger Gerichtsgebäude ein und stahl aus der Asservatenkammer einen Wildererstutzen samt Pulver und Blei sowie eine Kugelform für das bereits früher erbeutete Gendarmeriegewehr. Von da an brachte Michael mit diesen Waffen so manchen Bock zur Strecke; so auch Ende 1840 bei Arndorf. Plötzlich aber tauchten drei Polizisten und der Kötztinger Gerichtsschreiber Huber auf und überrumpelten Michael. Während des Handgemenges gelang es ihm, den Stutzen abzufeuern, den er nach dem Schuß auf den Rehbock sofort nachgeladen hatte. Das Projektil zerschmetterte Huber beide Füße; Michael flüchtete im Kugelhagel der Gendarmen.

Für den Rest des Winters verkroch sich der Räuber in seiner Höhle; die Wildnis schützte ihn. Doch im Frühjahr 1841 rückte die Bedrohung immer näher, denn die Regierung hatte jetzt hundert Polizisten aufgeboten, die ständig im Kötztinger Gäu patrouillierten. Scheinbar saß Michael Heigl am Kaitersberg in der Falle – aber dann glückte ihm der Ausbruch in den Urwald am Hohen Bogen. Dort begegnete er einer jungen Landstreicherin namens Resl, die aus Gotzendorf stammte. Diese ehemalige Magd – auf dem Hof, wo sie ausgerissen war, hatte man sie als Hütstempendirndl bezeichnet – wollte nach Böhmen; Michael und sie kamen überein, zusammenzubleiben. Bis zum Herbst 1841 vagabundierte das Paar in Südböhmen; als die

Nächte frostig wurden, kehrten Michael Heigl und das Hütstempendirndl in den Kötztinger Winkel zurück. Da mittlerweile das Gros der Gendarmen abgezogen worden war, schien keine ernsthafte Gefahr mehr zu drohen. Das Paar richtete sich in der Kaitersberger Höhle ein; Michael jagte, um Fleischvorräte für den Winter anzulegen. Seine illegalen Pirschgänge blieben freilich nicht unbemerkt; bald sprach es sich herum, daß der Räuber wieder da war. Ein Ökonom namens Mühlbauer setzte es sich daraufhin in den Kopf, Michael Heigl zur Strecke zu bringen. Mit einer Doppelbüchse bewaffnet, ging er auf die Menschenjagd; bei sich hatte er einen Wolfshund. Unweit des Kaitersberges traf er tatsächlich auf den Räuber und hetzte sofort den Hund auf ihn – aber Michael erschoß das Tier. Gleich darauf überwältigte er den Bauern und zerschlug dessen Gewehr an einem Felsen. Nach dieser Lektion drohte Michael Heigl dem Menschenjäger, daß es auf Leben und Tod gehen werde, falls er ihm nochmals in die Quere kommen sollte; dann ließ er den Landwirt laufen.

Nach dieser Auseinandersetzung forderte der Kötztinger Richter erneut ein starkes Polizeiaufgebot an. Wieder nahmen hundert Gendarmen ihre Streifgänge auf, doch auf den Kaitersberg wagten sie sich nicht. So konnten Michael und Resl den Winter von 1841 auf 1842 überstehen; wie früher schon brachte der Maulaffenhiasl Nahrungsmittel in die Wildnis. Als der Räuber im Frühling noch immer auf freiem Fuß war, hatte sich die Obrigkeit in den Augen der einfachen Bevölkerung, welche Michael Heigl sowieso eher wohlwollend gegenüberstand, gründlicher denn je blamiert. Die Regierung befand sich infolgedessen im Zugzwang; daher wurde der Kötztinger Richter abgelöst. Sein Nachfolger aber griff, um des Räubers vom Kaitersberg endlich habhaft zu werden, zu einem infamen Mittel.

Überall auf den Kleinbauernhöfen und in den Katen der Kötztinger Gegend wurden Polizisten einquartiert; die Bewohner der Anwesen mußten sie auf eigene Kosten verpflegen. Dies stellte für die ohnehin armen Menschen eine schwere Belastung dar – und die Gendarmen, so teilte man den Betroffenen mit, sollten erst wieder verschwinden, wenn Michael Heigl verhaftet war. Auf diese Weise wollte man die Bevölkerung zwingen, den Aufenthaltsort des Räubers zu verraten.

In der Tat hätte so mancher Bescheid gewußt, aber ungeachtet der Repressalien hielten die einfachen Leute dicht. Mehr noch: Wütend über die Zwangseinquartierungen, kamen zahlreiche Betroffene zu der Einsicht, daß die Staatsmacht ihr schlimmster Feind sei; folglich waren viele bereit, Michael Heigl heimlich zu unterstützen. Wenn der Räuber zu einem Anwesen schlich, wo sich gerade keine Polizisten aufhielten, durfte er damit rechnen, Lebensmittel und Informationen zu bekommen; er wiederum revanchierte sich mit Wildpret. Im Herbst schließlich zogen die Gendarmen unverrichteter Dinge ab; beruhigt konnten sich Michael und Resl in ihrer Höhle für den Winter einrichten.

Anno 1843 gelang dem Räuber vom Kaitersberg ein Coup, der für große Heiterkeit im Waldgebirge sorgte. Im Juni weilte der Regensburger Domherr Graf Kaspar Maria von Sternberg zur Sommerfrische in Kötzting; meist war der Prälat im Sattel eines Maultiers unterwegs – und auf einem solchen Spazierritt begegnete er Michael Heigl. Am Bäckerzipfel bei Hohenwarth plünderte dieser den Domherrn aus; die Pretiosen des Prälaten versilberten Michael und das Hütstempendirndl sodann in Böhmen, erst im Spätherbst 1843 kehrte das Paar zurück.

Zu diesem Zeitpunkt war Resl im fünften Monat schwanger; im April 1844 schenkte sie in der Kaitersberger Höhle einem Buben das Leben. Da man die Mutter wegen ihrer Komplizenschaft mit Michael Heigl sofort inhaftiert hätte, wenn sie mit dem Kind bei ihren Angehörigen aufgetaucht wäre, verschaffte Michael seinem Sohn auf ungewöhnliche Art Adoptiveltern. Er wußte, daß die Bäuerin auf einem schönen Anwesen im Kötztinger Gäu – dem Weidenhof – keine eigenen Kinder bekommen konnte; nachts klopfte er dort an die Haustür und legte den Säugling auf der Schwelle ab.

Die Bauersleute kamen ins Freie und entdeckten den kleinen Buben; gleich darauf rief ihnen Michael Heigl durch die Dunkelheit zu, er habe ihnen seinen Sohn gebracht, und wenn sie ihm eine Heimat gäben, könnten sie stets auf die Freundschaft des Räubers vom Kaitersberg bauen. Sollte es der Bub jedoch nicht gut bei ihnen haben, werde er, der Heigl, ihnen den roten Hahn aufs Dach setzen. Damit verschwand der Renegat – und das Ehepaar vom Weidenhof nahm den Säugling an Kindes Statt an. Auf ähnliche Weise fand Michael Heigl im Verlauf der folgenden Jahre Pflegeeltern für zwei weitere seiner Sprößlinge; nur ihr viertes und letztes Kind brachte Resl 1853 bei ihrer in Gotzendorf lebenden Mutter unter.

Nachdem Resl den Schmerz über die Trennung von ihrem Erstgeborenen überwunden hatte, begleitete sie ihren Geliebten häufig auf seinen Wilderer- oder Raubzügen. Da man jedoch mittlerweile die Prämie für die Ergreifung Michael Heigls auf hundert Gulden erhöht hatte, wurden diese Unternehmungen immer gefährlicher. Deshalb verließ das Paar im Frühjahr 1845 den Bayerischen Wald, um sein Glück anderswo zu versuchen; der Maulaffenhiasl schloß sich den beiden an.

Monate war das Trio im Donaugäu, an der Isar und in der südlichen Oberpfalz unterwegs; Michael und der Maulaffenhiasl hatten sich als Mönche verkleidet, Resl als Nonne. In den Dörfern machten sie den Leuten weis, daß sie Geld für die Fertigstellung der damals noch unvollendeten Regensburger Domtürme sammelten; im Herbst kehrte das Trio mit reicher Gaunerbeute in den Kötztinger Winkel zurück. Freilich blieb man nur kurz, dann ging es weiter nach Böhmen. In den dortigen Tavernen verzehrte man die Spendengelder; erst im Frühwinter 1846 war das ergaunerte Geld verbraucht, und Michael, der im Sommer den dreißigsten Geburtstag hatte feiern können, trat zusammen mit seinen Gefährten den Heimweg an.

Der Winter in der Kaitersberger Höhle war, wie üblich, hart. Der Maulaffenhiasl schmuggelte in jener Zeit viel, Michael Heigl brachte sich und das Hütstempendirndl mit Wildern und einer Reihe von Einbrüchen durch. Daraufhin setzte die Regierung eine Fangprämie von hundertzwanzig Gulden aus, doch zu einer Festnahme kam es ebensowenig wie zuvor. Denn im Frühling 1847 entwichen Michael und Resl neuerlich über die böhmische Grenze, wenig später folgte ihnen der Maulaffenhiasl.

Als das Trio ab Herbst 1847 wieder den Kötztinger Gäu unsicher machte, hatte die Zahl der Gendarmeriestreifen deutlich abgenommen. Die Polizisten wurden in München benötigt, wo sich die Revolution vorbereitete, welche im März 1848 König Ludwig I. den Thron kostete. Maximilian II. trat die Nachfolge seines Vaters an;

etwa zur selben Zeit entschlossen sich Michael Heigl, seine Geliebte und der Maulaffenhiasl, Bayern zu verlassen. Wie viele andere Arme wollten sie ins österreichisch-ungarische Banat; die Wiener K.u.K.-Regierung hatte Neusiedlern dort kostenlose Hofgründe versprochen.

Im Mai 1848 langte die Auswanderergruppe, bei der sich Michael und seine Gefährten befanden, im Banat an. Aber die Landparzellen dort waren als Hofstellen völlig ungeeignet. Ernüchtert begruben Michael Heigl, Resl und der Hiasl den Traum vom eigenen Anwesen; sie wilderten in der Pußta und begaben sich anschließend nach Preßburg. Dort fanden sie eine Taverne, die zu verpachten war, und kamen überein, ihr Glück als Wirtsleute zu versuchen. Sie scheiterten jedoch auch damit und kehrten im Herbst 1848 nach Bayern zurück.

Im folgenden Frühjahr 1849 ereignete sich auf dem Hudlacher Einödhof nördlich des Kaitersberges ein gräßlicher Raubmord. Ein Einbrecher erschlug die Bäuerin, die allein im Haus war; danach durchsuchte er die Räume nach Geld und Schmuck und entkam ungesehen mit seiner Beute. Als der Bauer heimkehrte, fand er seine tote Ehefrau; in seiner Verwirrung behauptete er gegenüber den Gendarmen, der Mörder müsse Michael Heigl sein. Der Kötztinger Richter veranlaßte eine Großfahndung; Michael und Resl entkamen in letzter Minute in den Urwald am Hohen Bogen. Dort verbargen sie sich den ganzen Sommer über – bis man den wahren Täter faßte und sich Michael Heigls Unschuld herausstellte.

Trotzdem wurde die Jagd auf den Räuber vom Kaitersberg nicht abgeblasen; teilweise wich Michael deshalb bei seinen Beutezügen bis in die Oberpfalz aus. Und in der Steinpfalz brachten die Polizisten Ende 1849 auch den Maulaffenhiasl zur Strecke, der in letzter Zeit eigene Wege gegangen war. Er hatte ein Anwesen geplündert und wurde auf der Flucht von fünf Polizisten überwältigt. Der Kötztinger Richter verurteilte ihn zu lebenslanger Kettenstrafe und setzte darüber hinaus alle möglichen Zwangsmittel ein, damit der Delinquent das Versteck Michael Heigls verraten sollte. Aber der Maulaffenhiasl schwieg eisern, und so tappte die Justiz weiterhin im dunkeln.

Vermutlich um seinen Freund zu rächen, stieg Michael Heigl Anno 1850 ins Kötztinger Gerichtsgebäude ein und versuchte, die Geldtruhe im Kassenraum auszurauben. Das Schloß widerstand jedoch allen Bemühungen; auch vermochte Michael die Lade nicht ins Freie zu schleppen, denn sie war am Fußboden festgeschraubt. Unverrichteter Dinge mußte der Räuber wieder abziehen; er knackte allerdings noch in der gleichen Nacht den Opferstock der Haibühler Kirche und vertrank die Beute mit einer Landstreicherrotte im Wirtshaus von Thening. Irgend jemand verriet den Kötztinger Gendarmen, daß Michael Heigl sich in der Taverne aufhielt; als die Polizisten auftauchten, war der Renegat freilich schon wieder weg. Und im Morgengrauen brach er ins Viechtacher Rentamt ein, raubte dort die Steuerkasse und trug die Truhe auf den Kaitersberg, wo er das Schloß mit einem Schuß aufsprengte.

Über diesen Coup lachte ganz Bayern; die Regierung hingegen erhöhte das Kopfgeld in Sachen Heigl wutentbrannt auf zweihundert Gulden. Ebenso viele Gendarmen wurden mobilisiert, um den Räuber endlich dingfest zu machen, aber alle Anstrengungen waren umsonst. Das Jahr 1851 verstrich, dann das folgende, und noch immer war Michael Heigl auf freiem Fuß.

Anfang 1853 nahm die Heigl-Jagd vorübergehend komödienhafte Züge an. In Landshut hatte die Polizei einen Landstreicher namens Joseph Iglhaut aufgegriffen, der bei seiner Vernehmung angab, den Räuber vom Kaitersberg zu kennen. Daraufhin setzten ihn die Gendarmen so lange unter Druck, bis er sich bereit erklärte, als Lockvogel in den Bayerischen Wald zu gehen, erneut Kontakt mit Michael Heigl aufzunehmen und ihn zu überwältigen. Iglhaut wurde zu diesem Zweck von den Landshutern mit reichlich Geld versehen; der Kötztinger Polizeichef wiederum, bei dem Iglhaut sich nach seiner Ankunft im Wald meldete, gab ihm einen der damals gerade erst in Gebrauch gekommenen Revolver.

Joseph Iglhaut verwahrte das Schießeisen in seiner Manteltasche und machte sich auf die Pirsch, um den Räuber aufzuspüren. Sein Weg führte ihn zunächst nach Hohenwarth, wo er im Wirtshaus Station machte und sich kräftig Mut antrank. Im Rausch begann er gegenüber den anderen Gästen zu prahlen, daß er den Heigl ganz gewiß unschädlich machen werde; die Bauern jedoch hatten nur Spott für ihn übrig. Ein Wort gab das andere; plötzlich zog der betrunkene Iglhaut den Revolver, ballerte los – und schoß das im Herrgottswinkel hängende Kruzifix von der Wand. Der Wirt alarmierte die Gendarmen, welche Iglhaut ins Kötztinger Gefängnis einlieferten. Dort schlief er seinen Rausch aus; anschließend wurde der verhinderte Heigl-Jäger wegen Gemeingefährlichkeit zu mehreren Jahren Arbeitshaus verurteilt.

Einige Monate nach diesem Skandal, im Frühjahr 1853, fielen weniger harmlose Schüsse. Zusammen mit dem Hütstempendirndl hatte sich Michael Heigl vorübergehend bei einem Gütler namens Zitzlsberger im Weiler Maierau einquartiert. Irgend jemand informierte den Polizeibrigadier in Kötzting, der zu diesem Zeitpunkt allerdings nur einen einzigen weiteren Gendarmen zur Verfügung hatte. Trotzdem machten sich die Uniformierten sofort in die Maierau auf; im letzten Moment wurde Michael auf sie aufmerksam. Er und Resl flüchteten auf den Dachboden, beide waren bewaffnet. Das Paar schloß die Falltür zum Speicher, wenig später entdeckten die Polizisten die Bodenluke. Als sie merkten, daß sich oben jemand befand, wollten sie die Falltür öffnen. Im selben Moment feuerten sowohl Michael Heigl als auch die junge Frau durch den Lukenspalt; ihre Kugeln trafen den Brigadier. Das eine Geschoß riß ihm die rechte Hand ab, das andere drang in seinen Unterleib; während der zweite Gendarm den schwerverwundeten Brigadier wegzerrte, flohen Michael und Resl über das Dach.

Mit knapper Not überlebte der Polizist, doch die Staatsmacht war nun aufs äußerste gereizt. König Maximilian II. persönlich erteilte den Befehl, mit allen Mitteln gegen den Räuber vom Kaitersberg vorzugehen. Hunderte von Gendarmen wurden in Marsch gesetzt, zusätzlich mobilisierte man zivile Fangtrupps. Tag und Nacht durchstreiften die Polizisten und ihre Helfer die Gegend um den Kaitersberg; wochenlang ging das so – zuletzt, in der Nacht vom 16. auf den 17. Juni 1853, tappten Michael Heigl und das Hütstempendirndl in die Falle.

Das Paar hatte sich die ganze Zeit über in der Höhle versteckt gehalten, jetzt brauchten Michael und Resl dringend frische Nahrung.

Deshalb stiegen sie spät nachts zu der zwischen Gotzendorf und Hohenwarth am Regen liegenden Aumühle hinab, um einen Fischkasten zu plündern. Unterwegs wurden sie von einem Liebespaar erkannt, das sich im Wald getroffen hatte. So schnell er konnte, rannte der junge Mann nach Hohenwarth und verständigte die dort stationierten Gendarmen. Deren Brigadier sandte berittene Boten nach Kötzting und Lam; gegen vier Uhr morgens hatten mehr als vierhundert Polizisten und bewaffnete Zivilisten zwischen der Aumühle und den Steilhängen des Kaitersberges Stellung bezogen. Und dann, als Michael Heigl und Resl mit den erbeuteten Fischen zurück zum Berggipfel wollten, wurden sie von zwei Bauern gestellt.

Es kam zu einem Schußwechsel; einer der Häscher wurde leicht verletzt – unmittelbar darauf war ein Rudel Gendarmen zur Stelle, welche Michael und seine Geliebte überwältigten. Gefesselt wurde das Paar nach Kötzting gebracht und im Gerichtsgebäude eingekerkert; zweieinhalb Monate schmachteten Michael Heigl und Resl in ihren Zellen.

Am 1. September 1853 verlegte man die Gefangenen in die Straubinger Fronfeste; dort wurde am 27. Juni 1854, fast genau ein Jahr nach ihrer Festnahme, auch das Urteil gegen sie gesprochen. Der Richter verdonnerte das Hütstempendirndl zu fünf Jahren Arbeitshaus; was Michael Heigl anging, entschied er: »Todesstrafe mittels Enthauptung durch das Schwert.«

Wenig später jedoch begnadigte König Maximilian II. den Räuber vom Kaitersberg zu lebenslanger Kettenstrafe; Michael Heigl trat sie im gefürchteten Zuchthaus Au an. Dort mußten die Gefangenen extrem harte Arbeit leisten und schleppten dabei an ihren Fußketten schwere Eisenkugeln mit. Drei Jahre lang, bis 1857, ertrug Michael Heigl diese Tortur; zuletzt erlitt er ein schreckliches Ende. Er geriet mit einem anderen Häftling in Streit; es kam zu einer Rauferei – und dabei zerschmetterte Michaels Kontrahent ihm den Schädel mit der Kettenkugel.

Damit nicht genug, ließ das Innenministerium den Leichnam des Räubers vom Kaitersberg, der aufgrund der unhaltbaren sozialen Zustände im Bayern des 19. Jahrhunderts zum Verbrecher geworden war, ausschinden. Man löste die Weichteile von Michael Heigls Skelett und stellte dieses – als angeblich typisch für einen Kriminellen – in der Anatomie der Münchner Universität aus. Dort stand es bis 1944, dann traf eine amerikanische Fliegerbombe das Gebäude, und die Gebeine des Bayerwaldräubers wurden unter den Trümmern des Anatomietraktes begraben.

Der gewilderte Wildschütz
Georg Jennerwein und der Jäger Pföderl

Am 6. November 1877 fand der Holzknecht, Frauenheld und Wilderer Georg Jennerwein auf der Bodenschneid am Hohenpeißenberg südöstlich des Tegernsees ein gewaltsames Ende. Ein wittelsbachischer Jäger und ehemaliger Kriegskamerad des Wildschützen war, wie sich freilich erst einige Zeit später zweifelsfrei herausstellte, der Mörder. Nachdem er Georg Jennerwein hinterrücks erschossen hatte, präparierte er die Leiche so, daß es auf den ersten Blick aussah, als hätte der Wilderer mit seinem eigenen Gewehr Selbstmord begangen. Eine volle Woche lag der Tote an der einsamen Stelle im Wald, wo ihn der tückische Schuß aus der Büchse des anderen getroffen hatte; erst am 13. November 1877 entdeckte ein Suchtrupp den Leichnam. Die Männer brachten Georg Jennerwein zu seinem Wohnort Westenhofen bei Schliersee; gleich nach seiner Auffindung war aufgrund einer genauen Untersuchung seiner Wunden klargeworden, daß er keinesfalls Hand an sich selbst gelegt haben konnte, sondern ermordet worden war.

Georg Jennerwein wurde auf dem Westenhofener Friedhof beerdigt; später setzten seine Anhänger ihm ein schmiedeeisernes Kreuz aufs Grab, das auf einer Gedenkplatte unter einem Bild des Toten folgenden Text trägt: »Hier ruht in Frieden inmitten seiner geliebten Bergwelt der Wildschütz Georg Jennerwein. Er wurde erschossen am 6. Nov. 1877 auf hohen Peißenberg bei Tegernsee im Alter von 29 Jahren.« Danach folgt die erste Strophe des berühmten Jennerwein-Liedes, das hier in seinem vollen Umfang wiedergegeben werden soll:

> Es war ein Schütz in seinen besten Jahren,
> der wurde weggeputzt von dieser Erd.
> Man fand ihn erst am neunten Tage
> bei Tegernsee am Peißenberg.

Auf hartem Fels hat er sein Blut vergossen,
und auf dem Bauche liegend fand man ihn.
Von hinten war er angeschossen,
zerschmettert war sein Unterkinn.

Es war schrecklich anzusehen,
als man ihm das Hemd zog aus.
Da dachte jeder bei sich selber:
Jäger, bleib mit'm Selbstmord z'haus.

Du feiger Jäger, das ist eine Schande
und bringt dir gewiß kein Ehrenkreuz.
Er fiel ja nicht im offnen Kampfe,
der Schuß von hinten her beweist's.

Man brachte ihn ins Tal und auf den Wagen,
bei finstrer Nacht ging es sogleich noch fort,
begleitet von den Kameraden,
nach Schliersee, seinem Lieblingsort.

Dort ruht er sanft im Grabe wie ein jeder
und wartet stille auf den jüngsten Tag.
Dann zeigt uns Jennerwein den Jäger,
der ihn von hint erschossen hat.

Und zum Gericht am jüngsten Tage
putzt jeder 's Gwissen und auch das Gewehr,
marschieren d' Jäger samt die Förster
aufs Gamsgebirg zum Luzifer.

Und nun zum Schlusse Dank den Veteranen,
die ihr den Trauermarsch so schön gespielt.
Ihr Jäger laßt euch nur ermahnen,
daß keiner mehr von hinten zielt.

Denn auf den Bergen, ja, da gilt die Freiheit,
ja auf den Bergen ist es gar so schön,
allwo auf grauenhafte Weise
der Jennerwein zugrund mußt gehen.

Abgesehen von der falschen Angabe, wonach der Leichnam Georg
Jennerweins erst nach neun Tagen aufgefunden worden sein soll,
zeichnet das Lied die Umstände des Meuchelmordes am Hohenpeißenberg recht genau nach. Zudem drückt es gut aus, was ein Großteil der Bevölkerung im bayerischen Oberland empfand, als sich die
Nachricht vom Tod des Wildschützen verbreitete. Innerlich nämlich
standen zahlreiche, sonst durchaus staatstreue Menschen auf der
Seite Jennerweins; auf der Seite des Rebellen und Wilderers, der
gegen die Obrigkeit aufbegehrt und dafür mit dem Leben bezahlt
hatte.
Georg Jennerwein, so sahen es die Gebirgler, war zutiefst einer der
ihren gewesen; einer, der durch sein Freischießen keineswegs gegen
den oberländischen Ehrenkodex, sondern lediglich gegen Juristenge-
setze verstoßen hatte. Letzteres aber war in den Augen der Altbay-
ern, die ein sehr ausgeprägtes natürliches Rechtsempfinden besaßen,
kein Verbrechen, eher die Verteidigung unveräußerlicher archaischer
Freiheiten. Und deswegen wurde der von einem wittelsbachischen
Jäger ermordete Wildschütz posthum verklärt; Georg Jennerwein
wurde zum Volkshelden, mit dem man sich um so besser identifizieren konnte, als er aus der Hefe des Volkes gekommen war.

✳✳✳

Georg Jennerwein wurde 1848 im Weiler Haid, Gemeinde Groß-
hartpenning, geboren; der Ort liegt südlich von München in der
Nähe von Holzkirchen. Georgs Mutter Maria war eine unverheira-
tete Gütlerstochter, die bei ihren Eltern lebte; der Name von Georgs
Vater, der Maria Jennerwein wohl noch während ihrer Schwangerschaft im Stich ließ, ist nicht bekannt. Seine ersten Jahre verbrachte
der »ledige« Bub auf dem Kleinbauernhof in Haid; schon früh
mußte er zusammen mit seiner Mutter zu den umwohnenden größeren Landwirten gehen, um dort Tagelöhnerarbeit zu verrichten.

1857 verstarb Georgs Großvater; für seine betagte Witwe, Maria und den jetzt neunjährigen Buben wäre es unmöglich gewesen, das Gütleranwesen weiter zu bewirtschaften. Daher wurde der Kleinbauernhof verkauft, und die Familie zog nach Gelting bei Wolfratshausen, wo Maria Jennerwein einen Gütler heiratete, der seine Frau verloren hatte. Am neuen Wohnort gab es bald Spannungen zwischen Georg und seinem Stiefvater; der Kleinbauer soll den Heranwachsenden häufig geschlagen und ihn gegenüber dem eigenen Sohn zurückgesetzt haben. Mehrmals unternahm Georg Fluchtversuche; mit vierzehn Jahren, Anno 1862, verließ er das Geltinger Anwesen endgültig.

Zunächst verdingte sich Georg Jennerwein im Voralpenland als Tagelöhner; er zog von Hof zu Hof und nahm jede Arbeit an, die er bekommen konnte. Zu Beginn des Winters dann, als die Bauern keine Hilfskräfte mehr benötigten, wanderte er mit einer Gruppe von Holzknechten zum Tegernsee; dort erlernte er während der folgenden Jahre die Waldarbeit. Das harte Dasein in der Natur und die rauhen Umgangsformen der Holzfäller formten den Halbwüchsigen; rasch soll Georg sich den Ruf eines rauflustigen Burschen erworben haben, was in den Waldarbeiterhütten durchaus keine Schande darstellte. Ebensowenig betrachteten es die Holzarbeiter als verwerflich, wenn einer von ihnen Fallen stellte oder mit der Büchse wilderte – und so konnte es kaum ausbleiben, daß bald auch der unbändige Georg Jennerwein Lust auf das verbotene Abenteuer bekam.

Vermutlich schon mit siebzehn Jahren besorgte sich Georg einen zerlegbaren Wildererstutzen mit Doppellauf, der sich im Rucksack oder unter dem Gewand verstecken ließ. Mit dieser Waffe durchstreifte er die Bergwälder um den Tegernsee; gelang es ihm, ein Stück Wild zu erlegen, teilte er das Fleisch mit seinen Arbeitskameraden. Selbstverständlich mußte er bei seinen Pirschgängen auf der Hut vor den regulären Jägern sein, die im Tegernseer und Schlierseer Gebiet teils in privaten wittelsbachischen, teils in staatlichen Revieren Dienst taten. Aber schnell wurde Georg Jennerwein ein Meister darin, den Waidmännern ein Schnippchen zu schlagen; immer wieder trickste er sie aus – und dies so erfolgreich, daß es nicht lange dauerte, bis er neben seinen Freunden auch gewisse Gastwirte, die ihn gut dafür entlohnten, mit Wildpret beliefern konnte. Als im Juni 1866 der Krieg Preußens gegen Österreich, Bayern und andere Mitgliedsstaaten des Deutschen Bundes ausbrach, knallte Jennerweins Stutzen häufiger denn je. Das Wildern war praktisch gefahrlos geworden, weil man die Jäger fast allesamt eingezogen hatte. Nach dem Friedensschluß im Herbst desselben Jahres mußte der jetzt achtzehnjährige Wildschütz freilich wieder etwas zurückstecken; zwei Jahre später, 1868, sah Georg Jennerwein sich gezwungen, selbst eine Uniform anzuziehen.

Er leistete seinen Militärdienst in München ab; einer der anderen Rekruten in der Ausbildungskompanie, den Georg flüchtig bereits aus dem Gebirge kannte, hieß Johann Pföderl – und der sollte dereinst zu einem erbitterten Feind Georg Jennerweins werden. Vorerst jedoch waren die beiden Leidensgenossen; gemeinsam wurden sie von den Unteroffizieren gedrillt, zusammen absolvierten sie die Übungsmärsche, bohrten ihre Bajonette in Strohpuppen und feuerten am Schießstand auf die sogenannten Pappkameraden.

Im August 1870 brach der Deutsch-Französische Krieg aus; die Kompanie, zu der Jennerwein und Pföderl gehörten, wurde an die Front transportiert. Die bayerischen Soldaten kämpften bei Weißenburg im Elsaß und nahmen an der blutigen Schlacht auf den Fröschweiler Höhen bei Wörth teil; im weiteren Verlauf des Krieges rückten die Einheiten über Toul, Gravelotte und Sedan Richtung Metz vor. Im Gegensatz zu Georg Jennerwein, von dem keine »Heldentaten« berichtet werden, scheint Johann Pföderl sich während dieser Kämpfe als Draufgänger entpuppt zu haben. Er wurde rasch befördert; zur Zeit der Einnahme von Paris, des Friedensschlusses von Versailles und der Gründung des Deutschen Reiches im Januar 1871 war er Unteroffizier.

Bald nachdem Frankreich kapituliert hatte, verpflichtete sich Pföderl noch für ein Jahr als Berufssoldat; Georg Jennerwein hingegen wurde aus dem Militärdienst entlassen und kehrte an den Tegernsee heim, um wieder als Holzfäller zu arbeiten. Da aber in Deutschland als Folge des Krieges eine Wirtschaftskrise ausgebrochen war, konnte Georg bei seinem früheren Brotherrn keine Anstellung mehr finden; endlich kam er als Holzknecht bei einem Großbauern in der Unterschwaig, Gemeinde Westenhofen, am Schliersee unter.

Georg Jennerweins Stutzen hatte seit 1868 in einem Versteck auf einer Almhütte bei Sankt Quirin gelegen; die Sennerin dort war vor Georgs Militärzeit seine Geliebte gewesen. Nun, im Frühling 1871, bekam der Zweiundzwanzigjährige zwar seine Büchse zurück; die junge Frau allerdings war inzwischen mit einem anderen liiert – noch dazu mit einem staatlichen Jäger. Georgs Frust läßt sich gut nach-vollziehen; in der Folge rächte er sich an seinem Rivalen und dessen Berufskollegen, indem er in den Bergwäldern zwischen Tegernsee und Schliersee dreister denn je wilderte. Das erbeutete Fleisch teilte Georg Jennerwein wie früher mit seinen Arbeitskameraden oder verkaufte es an Gastwirte, die mit ihm unter einer Decke steckten. Das Geld, welches er durchs Freischießen verdiente, verputzte er in den Tavernen. Dort fand er immer wieder auch Frauen, die sich von seiner wilden, ungebärdigen Art faszinieren ließen; ebenso war er auf gewissen Almhütten – bloß nicht mehr der bei Sankt Quirin – ein gerngesehener Besucher.

Im Frühjahr 1872 lief Johann Pföderls Militärdienstzeit ab. Jenner-weins ehemaliger Kriegskamerad bewarb sich bei der wittelsbachi-schen Forstverwaltung als Jagdgehilfe, wurde angenommen und bekam eine Stelle in Tegernsee. Der dortige Revierförster hieß Mayr, außerdem gab es noch einen Jäger namens Lechenauer. Beide waren froh über den zusätzlichen Mann, denn Jennerweins verbotene Pirschgänge machten ihnen mittlerweile arg zu schaffen; darüber hinaus wilderte angesichts der Not nach dem Krieg nicht nur der Holzknecht aus Westenhofen. Pföderl, heißt es, war von Anfang an ausgesprochen scharf darauf, den Wildschützen das Handwerk zu legen – und so konnte es nicht ausbleiben, daß es zwischen ihm und Georg Jennerwein bald zu Spannungen kam.

Zwar konnten weder Pföderl noch die übrigen Jäger dem Westen-hofener etwas nachweisen, aber in Verdacht hatten sie ihn, und vor allem Johann Pföderl bemühte sich, Jennerwein in flagranti zu ertappen. Daher wurden aus den beiden jungen Männern, die sich offenbar schon in der Münchner Kaserne und während der Kriegsmonate in Frankreich nicht grün gewesen waren, schnell

Feinde. Immer wieder versuchte Pföderl, dem Wilderer das Handwerk zu legen, doch das eine um das andere Mal war Georg Jennerwein der Raffiniertere. Bis zum Frühling 1873 ging dies so – dann allerdings geriet der Wildschütz unversehens in eine scheinbar ausweglose Situation.

Hart an der Grenze zum wittelsbachischen Revier am Tegernsee, aber noch auf staatlichem Schlierseer Grund hatte Jennerwein ein Stück Wild erlegt. Sowohl Johann Pföderl als auch ein im Staatsdienst stehender Jäger namens Sieberer aus Schliersee hatten den Schuß vernommen; jetzt gelang es den beiden, den Wilderer, dessen Gesicht geschwärzt und damit unkenntlich war, in die Enge zu treiben. Am Rand eines Steilhanges wurde Georg Jennerwein von einer Kugel aus dem Gewehr Sieberers getroffen; blutend stürzte er in den Abgrund. Seine Verfolger kletterten ebenfalls in die Klamm und suchten nach dem Angeschossenen. Der jedoch war nicht mehr aufzufinden; trotz seiner Verwundung – das Geschoß steckte in der Hüfte – hatte Jennerwein es geschafft, aus der Schlucht zu fliehen und sich samt seinem Stutzen in Sicherheit zu bringen.

Ein volles Jahr blieb Georg Jennerwein verschwunden. Wie sich später herausstellte, war er über die Grenze nach Tirol entkommen und dort von einem Bader versorgt worden. Die Gewehrkugel freilich hatte ihm dieser nicht aus dem Körper operieren können; sie wuchs ins Fleisch ein und wurde Anno 1877, als man den Leichnam Jennerweins obduzierte, entdeckt. Vorerst allerdings war der Wildschütz noch am Leben und arbeitete, nachdem er einigermaßen wiederhergestellt war, in den Tiroler Bergen als Holzknecht.

Am Tegernsee wandelte Johann Pföderl, der von der Forstverwaltung wegen seines entschlossenen Vorgehens gegen den unbekannten Wilddieb belobigt worden war, unterdessen auf Freiersfüßen. Seine Auserwählte war die Sennerin auf der Baumgartenalm; eine gewisse Agatha, die sehr hübsch gewesen sein soll. Zwischen ihr und dem Jäger entwickelte sich im Verlauf des Jahres 1873 ein mehr oder weniger festes Verhältnis; im Frühling 1874 aber wurde Pföderl jäh aus seinen romantischen Träumen gerissen, denn sein Feind Jennerwein kehrte an den Schliersee zurück.

Der Unterschwaiger Großbauer nahm den Holzknecht ohne weitere

Umstände wieder bei sich auf; neuerlich ging Georg Jennerwein seiner Arbeit in den Bergwäldern nach. Gleichzeitig sann er auf Rache an den Waidmännern, die ihm ein Jahr zuvor so übel zugesetzt hatten. Damals war es Pföderl und Sieberer nicht möglich gewesen, den Wilddieb eindeutig zu identifizieren; deshalb konnten sie ihm jetzt auch nicht ans Leder. Jennerwein hingegen fand sehr wohl Mittel und Wege, um ihnen die Schmach heimzuzahlen, die sie ihm zugefügt hatten. Er provozierte die Jäger, indem er in ihren Revieren Wild schoß und die Kadaver demonstrativ im Forst liegenließ; ein besonders herausforderndes und schauriges Zeichen setzte Georg Jennerwein, als er eines Nachts einen verwesten Rehschädel an die Tür der Sennhütte hängte, in der Johann Pföderl und seine Geliebte Agatha schliefen.

Einige Monate später schlug der Wildschütz, diesmal in der Ortschaft Gmund, erneut zu. Pföderl und Agatha vergnügten sich auf dem Tanzboden im Garten eines Gasthauses, seine Doppelbüchse hatte der Jäger in der Wirtsstube gelassen. Jennerwein ging in die Schenke, wo einige mit ihm befreundete Holzknechte saßen, brachte Pföderls Gewehr an sich und vernagelte die Zündlöcher des Vorderladers. Danach stellte er die Büchse an ihren Platz zurück und lief zum Tanzboden, wo er Johann Pföderl wegen seiner Mißerfolge bei der Hatz auf die Wildschützen verspottete. Pföderl gab ihm wütend heraus; fast wäre es zu einer Rauferei gekommen – doch plötzlich verschwand Georg Jennerwein hohnlachend aus dem Wirtsgarten. Johann Pföderl sah ihn zu den Bergwäldern oberhalb von Gmund hinaufsteigen; da er den Verdacht hegte, daß sein Feind vorhatte, dort zu wildern, folgte er ihm. Tatsächlich vernahm er Schüsse und erkannte im Forst Jennerwein, der ein Gewehr schwang – und dann auf ihn anlegte. Auch Pföderl riß daraufhin seine Waffe hoch und wollte feuern, aber beide Läufe der vernagelten Waffe versagten – und später, als Freunde Georg Jennerweins die Geschichte verbreiteten, erntete der geprellte Jäger beißenden Spott.

Während der folgenden Jahre, in denen Jennerweins Ruf als wagemutiger Wildschütz ständig wuchs, kam es zu weiteren Auseinandersetzungen mit Johann Pföderl. Anno 1875 beispielsweise soll Georg Jennerwein seinen Intimfeind in einer Rottacher Taverne fürchterlich verprügelt haben, und dies, so weiß die Überlieferung, war nicht die einzige Schlägerei zwischen den beiden bis aufs Blut verfeindeten Kontrahenten. Im Frühling 1877 schließlich kulminierte der Streit – denn jetzt machte sich Jennerwein an Pföderls Geliebte Agatha heran.

Wie es scheint, fiel es dem Wilderer, dem zahlreiche erotische Affären sowie etliche uneheliche Kinder nachgesagt werden, nicht sonderlich schwer, die hübsche Sennerin von der Baumgartenalm herumzukriegen. Es dauerte nicht lange, da hatte er den wittelsbachischen Jäger bei ihr ausgestochen; nun vergnügte er sich mit Agatha auf den Tanzböden und genoß seinen neuerlichen Sieg über den einstigen Kriegskameraden. Pföderl wiederum, der wahrscheinlich schon zuvor trunksüchtig gewesen war, flüchtete sich nun exzessiv in den Alkohol; mehrfach handelte er sich deswegen Rügen von seinem Vorgesetzten, dem Revierförster Mayr, ein.

Wenn er getrunken hatte, so kann man annehmen, sann Johann Pföderl haßerfüllt auf blutige Rache an Georg Jennerwein; an dem Wildschützen, der jetzt bereits seit Jahren ungestraft Wildfrevel beging und ihm nun auch noch die Geliebte gestohlen hatte. Tiefer und tiefer steigerte sich Pföderl offenbar in seinen Vergeltungswahn hinein – zuletzt, am 6. November 1877, kam die Stunde, da sein grenzenloser Haß ihn zum Meuchelmörder werden ließ.

Georg Jennerwein hatte seine Unterkunft in der Westenhofener Unterschwaig früh am Morgen dieses 6. November verlassen und einem Bekannten erklärt, er wolle nach Tölz gehen, um am dortigen Leonhardifest teilzunehmen. In Wahrheit freilich pirschte er, den Stutzen unter dem Mantel, im Schutz der Wälder zum Hohenpeißenberg südöstlich des Tegernsees; auf der Bodenschneid dort, die zum staatlichen Schlierseer Revier gehörte, legte er sich am Saum einer Lichtung auf die Lauer. Vermutlich hatte er herausgefunden, daß an dieser Stelle ein Bock aus dem Forst zu treten pflegte, und dieses Tier wollte der Wilderer erlegen.

Ganz in der Nähe hielt sich zur gleichen Zeit aber auch Johann Pföderl auf; allerdings streifte der Jäger nicht durch staatlichen, sondern durch wittelsbachischen Wald am Rand des Schlierseer Reviers. Und von dort aus erspähte Pföderl seinen Todfeind, welcher jenseits der

Reviergrenze in der Deckung eines Wurzelstrunks kauerte und ihm den Rücken zuwandte. Die Chancen für den Jäger, Jennerwein zu überrumpeln, hätten damit sehr gut gestanden – nur war Pföderl als wittelsbachischer Jagdaufseher nicht befugt, eine Verhaftung auf staatlichem Grund und Boden vorzunehmen. Er hätte den Wildschützen lediglich anrufen und ihn auffordern können, zu ihm herüberzukommen – dann jedoch wäre es für Georg Jennerwein ein leichtes gewesen, tiefer ins Schlierseer Revier zu fliehen, wo Pföderl nicht hätte auf ihn schießen dürfen. Und in dieser Zwickmühle drehte der Jäger durch; er schlug die Büchse an und gab ohne Vorwarnung Feuer.

Georg Jennerwein muß auf der Stelle tot gewesen sein; als wiederum Johann Pföderl begriff, was er getan hatte, versuchte er, wohl in Panik, einen Suizid Jennerweins vorzutäuschen. Er wälzte die Leiche auf den Rücken und zog dem Ermordeten den rechten Stiefel und die Socke aus. Dann plazierte Pföderl den doppelläufigen Stutzen des Wildschützen so auf dessen ausgestrecktem Körper, daß die Mündungen der Waffe von unten gegen die Kinnlade wiesen. Anschließend bog der Mörder das rechte Bein seines Opfers weit genug, um den großen Zeh an die Abzugsbügel des Stutzens drücken zu können. Als ihm dies gelungen war, spannte er einen Hahn der Waffe und löste den Schuß aus. Da Johann Pföderl jedoch das Gewehr beim Abfeuern verrissen hatte, verfehlte die Kugel Jennerweins Kopf und bohrte sich in einen Baumstamm. Unmittelbar darauf schoß Pföderl den zweiten Lauf ab – diesmal zerschmetterte das Projektil aus dem Stutzen das Kinn des Hingemeuchelten und drang durch den Mund in den Schädel ein.

Nachdem er sein grauenhaftes Werk vollendet hatte, verließ der Mörder den Tatort und begab sich zurück zur Tegernseer Forstdienststelle. Dort kam es wenige Stunden später zu einem Gespräch zwischen ihm und dem Jäger Lechenauer; letzterer erzählte Johann Pföderl, er habe während seines routinemäßigen Pirschganges drei Schüsse am Hohenpeißenberg gehört: zuerst einen, dann kurz hintereinander zwei weitere. Lechenauer hatte aber keinen Verdacht geschöpft; er hatte vielmehr angenommen, ein Jagdpächter aus München sei im Schlierseer Revier unterwegs gewesen. Pföderl ließ den anderen Jäger in diesem Glauben und tat während der folgenden Tage Dienst wie gewöhnlich.

Ebenso ging am nächsten Morgen die Waldarbeit in Westenhofen wie üblich weiter; die Holzknechte vermißten Georg Jennerwein zwar, dachten aber, er halte sich noch immer in Tölz auf. Erst als bekannt wurde, daß Jennerwein gar nicht beim Leonhardifest gewesen war, wurde man am Nordufer des Schliersees unruhig und stellte zuletzt einen Suchtrupp zusammen. An die hundert Männer und Burschen durchkämmten die Bergwälder der Gegend; am 13. November 1877 dann fanden sie die beinhart gefrorene Leiche des Wildschützen.

Weil der Stutzen noch immer auf Jennerweins Körper lag und sein Zeh unter dem Abzugsbügel steckte, glaubten die entsetzten Mitglieder des Aufgebots zunächst tatsächlich an einen Selbstmord. Doch als der starre Körper auf eine provisorische Bahre gewälzt wurde, entdeckte man die Schußwunde im Rücken; jetzt war jedem klar, daß Georg Jennerwein ermordet worden war. Und auch über die berufliche Identität des Täters konnte kein Zweifel bestehen: Einer von Jennerweins Erzfeinden, ein Tegernseer oder Schlierseer Jäger, mußte der Meuchelmörder sein.

Kurz nach Georg Jennerweins Beisetzung auf dem Friedhof von Westenhofen, die unter außerordentlich großer Anteilnahme der Bevölkerung stattfand, nahm die Polizei den wittelsbachischen Jagdaufseher Lechenauer fest. Dieser hatte sich zur Zeit der Untat unweit des Hohenpeißenberges aufgehalten und war dabei gesehen worden; nun vermuteten die Kriminalbeamten in ihm den Mörder. Letztlich aber konnte Lechenauer seine Unschuld durch ein Alibi beweisen; nur ein paar Minuten bevor die bewußten drei Schüsse auf der Bodenschneid gefallen waren, hatte er sich anderswo im Forst mit Bauersleuten unterhalten und schied deshalb als Täter aus.

Die Polizei ermittelte weiter, und allmählich verdichteten sich die Verdachtsmomente gegen Johann Pföderl immer mehr. Am Ende wurde er verhaftet; kaum saß er im Gefängnis, legte er ein umfassendes Geständnis ab und schilderte den Tathergang in allen Einzelheiten. Die Staatsanwaltschaft erhob daraufhin Mordanklage gegen ihn, ließ diese jedoch – vielleicht auf Druck des Königshauses hin – rasch wieder fallen und plädierte nunmehr auf Totschlag in Ausübung des Dienstes. Letztlich wurde Pföderl von einem Münchner Schwurgericht lediglich zu acht Monaten Gefängnis verurteilt; die vier Monate, die er in Untersuchungshaft gesessen hatte, rechnete man ihm auf diese Strafe an. In der Urteilsbegründung hieß es, man habe den Pflichteifer und die Tüchtigkeit des Jagdaufsehers strafmildernd berücksichtigt.

Nach seiner Entlassung konnte sich Johann Pföderl allerdings nicht mehr am Tegernsee halten. Die Menschen dort, denen die lächerlich niedrige Strafe als himmelschreiendes Unrecht erschien, schnitten und bedrohten den Mörder Georg Jennerweins. Schon nach wenigen Wochen wurde Pföderl daher ins Forstrevier Valepp versetzt, wo er noch bis zum Sommer 1889 Dienst tat – und sich in seiner freien Zeit immer häufiger und exzessiver in den Alkohol flüchtete. Am 11. Juli des genannten Jahres erlitt er einen Anfall von Delirium tremens, man lieferte ihn ins Tegernseer Hospital ein. Dort verstarb Johann Pföderl bereits am folgenden Tag, bis zu seiner letzten Minute quälten ihn gräßliche Wahnvorstellungen. Er soll noch geschrien haben, daß ihn wegen des ungesühnten Mordes jetzt der Teufel hole; einen Atemzug später war er tot.

Objektiv betrachtet, war Pföderl jedoch in gewissem Sinne selbst auch Opfer. Der Krieg von 1870/71 hatte ihn zweifellos brutalisiert; er war wegen seiner »Tapferkeit vor dem Feind« belobigt und befördert worden. Womöglich deswegen hatte er in dem schweren Konflikt mit Georg Jennerwein zuletzt ähnlich gehandelt wie im Kampf auf dem Schlachtfeld – und hatte die äußerste und brutalste Lösung gesucht.

Verraten und verkauft
Die Tragödie des Räubers Kneißl

Speziell in der Gegend westlich von München hat der Schacher-mühl-Hiasl – oder Mathias Kneißl, wie er mit bürgerlichem Namen hieß – bis heute seine treuen Verehrer. Einer davon ist der Bräu zu Maisach, der im Gedächtnis an den Renegaten ein »Räuber Kneißl Dunkel« braut. Und an besonderen Tagen findet man auf der Speisekarte der Maisacher Brauereigaststätte schon mal Schmankerl wie Rehbraten mit Schwammerl oder Spanferkel in Biersoße.

Es ist in der Tat wahrscheinlich, daß sich auch Mathias Kneißl solche Gerichte schmecken ließ, denn er wuchs zunächst in einem altbayerischen Wirtshaus auf. Allerdings nicht gerade in einem gediegenen Brauereigasthof, vielmehr in einer zwielichtigen Taverne, die von seinen Eltern in Unterweikertshofen bei Dachau betrieben wurde. Dort machte man zwischen legal gekauftem und gewildertem Bratenfleisch keinen großen Unterschied, und als die Familie später auf die einsam gelegene Schachermühle in der Nähe von Sulzemoos umzog, kam noch viel häufiger schwarz geschossenes Wild auf den Tisch.

Mathias Kneißl lernte das kriminelle Milieu also schon in seiner Kindheit kennen und fand sich als Jugendlicher um so schneller selbst hinein; später machte er »Karriere« als einer der gefürchtetsten bayerischen Räuber, den aber viele auch bewunderten und sogar vor der Staatsgewalt schützten. Trotzdem endete er schließlich auf der Guillotine; am 21. Februar 1902 wurde der Schachermühl-Hiasl in Augsburg geköpft.

Er gilt als der letzte große altbayerische Renegat und Volksheld; ein Schuß heißen südländischen Blutes freilich prägte seinen Charakter sicherlich auch. Ein Großvater des Räubers nämlich war als italienischer Hausierer über die Alpen gekommen, und im Grunde beginnt die wilde und tragische Geschichte des Mathias Kneißl bereits mit ihm.

Giovanni Pascolini stammte aus Venedig; jedes Jahr im Frühling wanderte er mit seiner Buckelkraxe nach Tirol und Bayern. Er bot den Bergbauern Glaswaren und Stoffe an und verdingte sich auf den Höfen gelegentlich auch für ein paar Tage als Störnäher. Im Herbst dann, zum Abschluß seiner Tour, pflegte er ins Voralpenland zwischen Isar und Lech hinunterzusteigen, wo er ebenfalls Kunden besaß. Und dort, in Unterweikertshofen an der Glonn, verliebte er sich Anno 1840 in die Tochter des Dorfschneiders; er heiratete sie und eröffnete zusammen mit ihr ein Spezerei- und Tuchwarengeschäft. 1844 wurde dem Ehepaar Pascolini eine Tochter Theresia geboren; zwei Jahre später kam ein Sohn zur Welt, den der Unterweikertshofener Pfarrer auf den Namen Johann taufte.

Die bayerisch-italienische Familie hatte sich im Dorf etabliert; sie litt jedoch offenbar unter dem Fremdenhaß engstirniger Nachbarn, und dies scheint die Entwicklung der beiden Kinder beeinflußt zu haben. Was Johann Pascolini angeht, so beging dieser schon als junger Bursche Diebstähle; später wurde er als Einbrecher schwerkriminell, saß wiederholt im Gefängnis und fand im Dezember 1870 einen gewaltsamen Tod. Zusammen mit etlichen anderen Gaunern war der junge Pascolini in ein Aichacher Haus eingestiegen; man hatte beträchtliche Beute an Schmuck gemacht, war aber dann wegen der Verteilung der Pretiosen in Streit geraten. Johann Pascolini wurde von einem seiner Komplizen erschossen; wer der Mörder war, konnte nie geklärt werden.

Theresia Pascolini wiederum wehrte sich auf andere Art gegen die Diskriminierung, der sie in ihrem Heimatdorf ausgesetzt war. Die rassige junge Frau legte es ganz gezielt darauf an, sozial aufzusteigen; zu diesem Zweck heiratete sie 1868 den Sohn der angesehenen Mesnerseheleute von Randelsried, den gelernten Müller Mathias Kneißl. Theresia brachte ihren um zehn Jahre älteren Gatten dazu, sein Geld in Unterweikertshofen zu investieren; das Paar eröffnete eine Gaststätte – und damit war die Pascolinitochter zu einer achtbaren Wirtin geworden.

Anfangs florierte die Taverne, bald allerdings ging der Umsatz zurück. Um sich über Wasser zu halten, verfiel das Ehepaar Kneißl darauf, die Gastwirtschaft zu einem Umschlagplatz für illegal geschossenes Wild zu machen. Theresias zu diesem Zeitpunkt noch lebender Bruder Johann und dessen Kumpane lieferten das gewilderte Fleisch an; man versteckte es in der Taverne und verkaufte es mit beträchtlichem Gewinn an Großabnehmer weiter. Ab 1871 allerdings, nachdem Johann Pascolini ermordet worden war, kam das illegale Geschäft allmählich zum Erliegen. Theresia – die Paschkalini-Res, wie man sie nannte – versuchte den Niedergang aufzuhalten, indem sie sich selbst zur Schau stellte. Die schwarzhaarige junge Frau mit der offenbar starken erotischen Ausstrahlung tanzte in der Wirtsstube, sang frivole Lieder zur Ziehharmonika und lockte so die jungen Burschen von Unterweikertshofen und Umgebung sowie Kleinkriminelle aus dem Dachauer Land in die Taverne.

In dieses Milieu wurde am 4. August 1875 das erste Kind des Ehepaares Kneißl hineingeboren, ein Sohn; der Stammhalter der Familie erhielt denselben Taufnamen wie sein Vater. Seine ersten elf Lebensjahre verbrachte der kleine Mathias Kneißl in Unterweikertshofen; während er heranwuchs, wurde die Gaststätte immer unrentabler. 1886 schließlich gab es für die Kneißls keinen anderen Ausweg mehr, als die völlig heruntergewirtschaftete Spelunke, die den meisten Unterweikertshofenern längst ein Dorn im Auge war, zu verkaufen. Die Familie verließ das Dorf an der Glonn und zog mit dem Rest ihrer Habe in die billig angepachtete Schachermühle: ein ebenfalls reichlich verkommenes Anwesen, das ungefähr eine Wegstunde von Sulzemoos entfernt einsam am Steindlbach stand.

Zur Zeit, da die Kneißls sich dort niederließen, war Mathias nicht mehr das einzige Kind; 1876 hatte seine Schwester Katharina das Licht der Welt erblickt, 1877 sein Bruder Alois. Auf der Schachermühle genossen die Geschwister viel Freiheit; sie mußten jedoch, zumindest in der ersten Zeit, öfter auch hungern. Denn kaum ein Bauer brachte Mahlgetreide auf das abgelegene Anwesen, und der Ertrag der wenigen landwirtschaftlichen Grundstücke, die zur Mühle gehörten, war kläglich. Daher stockte der alte Mathias Kneißl das Familieneinkommen als herumziehender Schreiner und Wagner auf, aber auch das trug wenig ein – und so entschlossen sich die Paschkalini-Res und ihr Gatte zuletzt, einmal mehr auf das Gesetz zu pfeifen.

Theresia hatte ein Gewehr aus dem Nachlaß ihres ermordeten Bruders mit auf die Schachermühle gebracht; nun benutzte die ungewöhnliche Frau es zum Wildern. Bald fand ihr Gemahl ebenfalls Freude am Freischießen und erwarb zu diesem Zweck einen Drilling: ein Dreilaufgewehr, das durch seinen Sohn Mathias später Berühmtheit erlangen sollte. Vorerst freilich diente die Waffe lediglich dazu, Rot-, Schwarz- und Kleinwild in den Forsten rings um die Mühle zu erlegen – und zwar so viel, daß die Kneißls einen Schwarzhandel mit dem Fleisch aufziehen konnten, das sie nicht selbst benötigten.

Theresia und ihr Gatte verkauften die Jagdbeute an Gastwirte in der Gegend zwischen Dachau und Aichach; außerdem kamen Hehler auf die Schachermühle, um sich gleich an Ort und Stelle mit günstigem Frischfleisch einzudecken. Wenn dies geschah, bewirtete die Paschkalini-Res, die in dieser Zeit noch zwei Mädchen namens Klara und Cäcilia das Leben schenkte, die Besucher großzügig; daraus entwickelte sich mit der Zeit ein illegaler Tavernenbetrieb in der Mühle. Zwielichtige Gestalten gaben sich hier ein Stelldichein; es wurde maßlos getrunken oder um hohe Einsätze gespielt, und oft feierten die Gäste die ganze Nacht oder gar tagelang durch.

Klar, daß diese Atmosphäre auf die drei älteren Kneißl-Kinder abfärbte; sie schwänzten die Sonntagsschule in Sulzemoos, und es dauerte auch nicht lange, bis die Halbwüchsigen mit den Schußwaffen umzugehen lernten. Sogar Katharina wußte bald ganz genau, wie man ein Gewehr lädt und abfeuert; Mathias und Alois wiederum begleiteten die Eltern immer häufiger auf ihren verbotenen Pirschgängen. Dann, im Sommer 1892, taten der jetzt siebzehnjährige Hiasl und sein fünfzehnjähriger Bruder den Schritt in die Schwerkriminalität – und der Raubzug, an dem sie teilnahmen, sollte in einer Katastrophe enden.

Theresia hatte die Sache ausbaldowert und den Coup bis ins kleinste geplant. Katharina beaufsichtigte an jenem Sonntag ihre kleinen Schwestern in der Mühle; das Ehepaar Kneißl und die beiden halbwüchsigen Söhne marschierten sieben Stunden weit nach Friedberg bei Augsburg, wo sich ein wenig außerhalb der Stadt die Wallfahrtskirche »Herrgottsruh« erhob. Dort wartete man in einem Versteck ab, bis gegen Abend die letzten sonntäglichen Pilger verschwunden waren und der Mesner sich in sein abseits stehendes Haus zurückgezogen hatte. Dann schlichen die allesamt mit Gewehren bewaffneten Kneißls zur Kirche, brachen das Portal auf, raubten goldene und silberne Sakralgegenstände und plünderten den vollen Opferstock. Ungesehen entkamen die Bewohner der Schachermühle mit ihrer Beute; nachdem sie heimgekehrt waren, stellte sich allerdings die Frage, wie man die wertvollen Kelche, Patenen und Leuchter am besten losschlagen könne.

Schließlich beschloß die Paschkalini-Res, mit der heißen Ware nach München zu fahren, um dort einen Abnehmer zu suchen. Ein paar Tage später machte sie sich, als Großbäuerin aus dem Dachauer Land verkleidet und stolz auf einem Gäuwagen sitzend, auf den Weg in die Hauptstadt. In München trat sie mit einem Hehler in Kontakt, dem sie zunächst einen Teil der Beute aus dem Kirchenraub verkaufte. Dieser Mann aber war ein Lockvogel der Polizei; kaum war Theresia wieder verschwunden, benachrichtigte er die Gendarmerie. Da der Einbruch in die Wallfahrtskirche viel Staub aufgewirbelt hatte, lief eine intensive Fahndung nach der vorgeblichen Dachauer Großbäuerin an, und es dauerte nicht lange, bis ein Trupp Polizisten zu einer Razzia auf der Schachermühle erschien.

Der alte Kneißl befand sich zu diesem Zeitpunkt im Wald; Theresia, ihre beiden Söhne und Katharina wurden einem scharfen Verhör unterzogen. Sie leugneten den Raub jedoch strikt ab, und als die Gendarmen die Mühle durchsuchten, fanden sie keinerlei Diebesgut. Das freilich war kein Wunder, denn jene Beutestücke, welche Theresia nicht in München verkauft hatte, lagen in einer perfekt getarnten Erdgrube abseits des Wohngebäudes. Den Polizisten blieb daher nichts anderes übrig, als die Kneißl-Familie im eigenen Haus festzusetzen und auf die Rückkehr des alten Mathias zu warten. Mehrere Tage lagen die Gendarmen auf der Lauer, endlich tauchte der Schachermüller auf. Als die Polizisten ihn verhaften wollten, unternahm er einen Fluchtversuch, stürzte dabei jedoch in den Mühlbach und wurde von den Gendarmen hohnlachend herausgefischt.

Die Polizisten fesselten den alten Kneißl und schleppten ihn zu einem Pferdekarren; danach zwangen sie die sechzehnjährige Katharina, das Fuhrwerk nach Dachau zu kutschieren. Schon auf dem Weg dorthin sollen die angetrunkenen Gendarmen den Schachermüller mißhandelt haben; kaum hatten sie Katharina zurückgeschickt und ihren Vater ins Gefängnis eingeliefert, starb der fünfundfünfzig Jahre alte Mathias Kneißl unter mysteriösen Umständen. Im Polizeibericht hieß es, der Tod sei auf der Gefängnistreppe infolge einer Unterkühlung eingetreten; sehr viel wahrscheinlicher ist die Vermutung, daß der Schachermüller einem Totschlag oder sogar einem Mord durch die betrunkenen Gendarmen zum Opfer fiel.

Das warf auch Theresia Kneißl den Polizisten vor, als diese ihr vom Ableben ihres Gatten Mitteilung machten – und die Witwe anschließend festnahmen, um sie ins Augsburger Untersuchungsgefängnis einzuliefern. Dort blieb Theresia während der folgenden Monate inhaftiert; um die drei verstörten Halbwüchsigen und die beiden Kleinkinder in der Schachermühle kümmerten sich die Behörden keinen Deut.

Der siebzehnjährige Mathias und sein jüngerer Bruder Alois schlugen infolgedessen ärger denn je über die Stränge. Sie wilderten exzessiv und unternahmen zusammen mit einem kleinkriminellen Hausierer namens Johann Schlumbrecht, der ein Verhältnis mit Katharina hatte, sowie dem ebenfalls noch minderjährigen Bauernknecht Josef Schreck Diebestouren. Auf den Höfen der Umgebung stahlen sie Kleinvieh und Obst; als sich ihnen dabei einmal eine Bäuerin entgegenstellte, schossen sie auf die Frau. Bei einem Wirtshauseinbruch fielen dem Quartett Uhren und Kleider in die Hände; in einer Jagdhütte sprengten sie den Waffenschrank auf und entwendeten mehrere Gewehre, die Schlumbrecht anschließend in Augsburg verkaufte.

Am 2. November 1892 dann gerieten die Kneißl-Brüder und Josef Schreck in der Schachermühle auf dramatische Weise mit der Staatsgewalt aneinander. Zwei Gendarmen – ihre Namen lauteten Gößwein und Pförtsch – näherten sich dem Anwesen; sie hatten vom Sulzemooser Pfarrer den Auftrag bekommen, Mathias, Alois und Katharina zwangsweise in die Sonntagsschule zu bringen. Die Kneißl-Brüder und Schreck jedoch glaubten, daß die Polizisten sie verhaften wollten, und drehten durch. Sie verschanzten sich mit ihren Gewehren auf dem Treppenabsatz des ersten Stockwerks; im selben Moment, da die Gendarmen durch die Haustür kamen, schossen sie. Eine von Alois abgefeuerte Kugel drang in den Unterleib Gößweins ein, weitere Schüsse von Schreck und Mathias Kneißl verletzten Pförtsch am Kopf und an den Händen. Schwerverwundet blieb Gößwein liegen, der andere Polizist floh; während er wegrannte, machten Alois und Schreck Anstalten, Gößwein mit den Gewehrkolben zu erschlagen. Nun griffen aber Katharina und Schlumbrecht ein, die sich in einer Schlafkammer aufgehalten hatten. Sie bewahrten Gößwein vor dem Schlimmsten und verbanden ihn; danach fuhr Katharina den Gendarmen mit einem Pferdewagen nach Odelzhausen zum Arzt.

Als das Mädchen auf die Mühle zurückkehrte, waren seine beiden Brüder, Schlumbrecht und Schreck geflüchtet. Doch bereits am Morgen des 3. November wurden Alois Kneißl, Johann Schlumbrecht und Josef Schreck in einer Feldscheune bei Sulzemoos von einer Polizeistreife überrumpelt. Alois konnte überwältigt werden; die beiden anderen entkamen noch einmal, wurden aber am 4. November im Wald nahe der Schachermühle endgültig gefaßt. Mathias Kneißl dagegen blieb zunächst verschollen; erst am 7. November verhafteten die Gendarmen auch ihn. Die Häscher fanden den Siebzehnjährigen in tiefem Erschöpfungsschlaf am Rand eines Waldes bei Randelsried; in den Händen hielt er den Drilling seines toten Vaters. Als die Polizisten nach dem Gewehr griffen, erwachte Mathias und kämpfte verzweifelt um seine Freiheit; es nützte ihm nichts, er wurde gefesselt und ebenso wie seine Kumpane ins Dachauer Gefängnis eingeliefert.

Die Gerichtsverhandlung gegen das Quartett fand im Frühjahr 1893 vor dem Münchner Landgericht statt. Der fünfzehnjährige Alois Kneißl, welcher den Gendarmen Gößwein für den Rest seines Lebens zum Invaliden gemacht hatte, wurde zu fünfzehn Jahren Zuchthaus verurteilt; bereits 1897 verstarb Alois in der Strafanstalt Laufen an Tuberkulose. Josef Schreck mußte für zwölf Jahre hinter Gitter; der Hausierer Johann Schlumbrecht, welcher an dem Schußwechsel in der Schachermühle gar nicht beteiligt gewesen war, für zwei. Mathias Kneißl schließlich wurde mit sechs Jahren Zuchthaus bestraft. Zunächst inhaftierte man ihn in Kaisheim bei Donauwörth, einem ehemaligen Kloster; später kam er nach Nürnberg, zuletzt saß er im Amberger Zuchthaus ein. Als Mathias im Frühling 1899 entlassen wurde, zählte er gerade erst dreiundzwanzig Jahre; scheinbar hatte er noch immer fast das ganze Leben vor sich.

Schon bald nach den dramatischen Ereignissen von 1892 war die Schachermühle zwangsweise verkauft und abgerissen worden. Theresia Kneißl, die 1893 aus der Untersuchungshaft freigekommen war, hatte sich daher entschlossen, nach München zu ziehen. Nunmehr hauste sie mit ihren drei Töchtern in einer ärmlichen Wohnung auf der Schwanthalerhöhe: dem damaligen Proletarierviertel der bayerischen Hauptstadt. Im Frühjahr 1899 kroch auch Mathias dort unter und bemühte sich, Arbeit zu finden. Aber obwohl er im Zuchthaus das Schreinerhandwerk erlernt hatte, wollte man den Vorbestraften weder in den Fabriken noch in einem der kleineren Werkstattbetriebe auf der Schwanthalerhöhe einstellen.

Endlich, nach Monaten, fand Mathias Kneißl doch einen Arbeitsplatz – allerdings nicht in München, sondern in Nußdorf bei Rosenheim, wo ihm ein sozial denkender Schreinermeister eine Chance gab. In dem Familienbetrieb leistete Mathias gute Arbeit; an den Wochenenden fuhr er in die Hauptstadt, wo er sich bereits im Frühling in eine gewisse Mathilde verliebt hatte: eine Fabrikarbeiterin, die weitläufig mit ihm verwandt war. Bald schmiedete das Paar Zukunftspläne; sobald sie das nötige Geld für die Schiffskarten zusammengespart hatten, wollten die beiden nach Amerika auswandern. Aber ehe es soweit kam, wurde der jetzt vierundzwanzigjährige Mathias Kneißl von seiner Vergangenheit eingeholt; schuld daran war ein Polizist in Nußdorf. Der Gendarm hatte herausgefunden, daß Mathias sechs Jahre im Zuchthaus verbracht hatte; nun hetzte er unter der Nußdorfer Bevölkerung gegen ihn. Zuletzt sah sich der Schreinermeister deshalb gezwungen, Mathias Kneißl auf die Straße zu setzen – und damit begann dessen letzter und dramatischster Lebensabschnitt.

Verbittert kehrte Mathias in die Proletarierwohnung auf der Schwanthalerhöhe zurück. Wieder bemühte er sich vergeblich, Arbeit zu finden; nachdem ihm klargeworden war, daß er keine zweite Chance bekommen würde, suchte er Kontakt zu einem Kriminellen, der für einige Zeit zusammen mit ihm im Amberger Zuchthaus eingesessen hatte. Der Name dieses Mannes lautete Erhart Holzleitner; er besaß ebenso wie Mathias Kneißl eine Menge Erfahrung im Einbrechen, und im Januar 1900 schlug das Duo erstmals zu.

Die beiden Komplizen fuhren per Rad von München ins niederbayerische Rottal; Mathias führte den Drilling seines Vaters mit sich, den die Behörden Jahre zuvor an Theresia Kneißl zurückgegeben hatten. Gegen Abend erreichte das Duo einen Einödhof in der Nähe von Birnbach, auf dem Holzleitner früher einmal Knecht gewesen war. Von daher kannte er die Örtlichkeiten ausgezeichnet; es gelang den Gaunern, ungesehen in das Bauernhaus einzusteigen und Schmuckstücke, Bargeld sowie Pfandbriefe zu rauben. Ebenso heimlich, wie sie gekommen waren, verschwanden Mathias Kneißl und Erhart Holzleitner wieder; in Altötting verkauften sie den Schmuck an einen Hehler. Die Pfandbriefe jedoch wollte der Altöttinger nicht annehmen, weshalb Holzleitner vorschlug, sie unterderhand in Dachau an den Mann zu bringen.

Auf dem Weg dorthin durchquerte das Ganovenduo die Hallertau, und im Hopfenbauernland kam es zu einem zweiten Einbruch, der allerdings nicht so problemlos über die Bühne ging wie der erste im Rottal. Zwar glückte es Mathias und seinem Komplizen, unbemerkt in ein Gütlerhaus einzudringen; als sie im Oberstock jedoch eine Truhe zu öffnen versuchten, ertappte sie der Sohn des Kleinbauern. Der Bursche ging mit einer Axt auf die Einbrecher los; Mathias Kneißl feuerte einen Schrotlauf des Drillings ab, und die Saupostenladung zerschmetterte dem Bauernsohn eine Kniescheibe.

Mit knapper Not entkamen Mathias und Holzleitner den übrigen Hausbewohnern. In Dachau freilich, als sie versuchten, die Pfandbriefe loszuschlagen, wurden die beiden Exsträflinge von Gendarmen erkannt und kontrolliert. Bevor die Polizisten aber die Diebesbeute entdecken konnten, flüchteten Mathias Kneißl und sein Kumpan auf ihren Fahrrädern. Holzleitner wurde rasch eingeholt und überwältigt; Mathias hingegen schaffte es, seinen Verfolgern zu entrinnen, und verbarg sich in den dichten Wäldern bei Randelsried.

Wochenlang vegetierte der Vierundzwanzigjährige, für dessen Ergreifung unterdessen ein Kopfgeld von vierhundert Mark ausgesetzt worden war, in einem Erdversteck. Erst im Februar wagte er sich wieder in bewohnte Gegenden; im Weiler Irchenbrunn bei Altomünster fand er Unterschlupf bei einem Kleinbauern namens Michael Rieger, auch Flecklbauer genannt, der früher häufig die Schachermühle besucht hatte. Bald jedoch bekam Rieger Angst wegen der überall in den Dörfern aushängenden Steckbriefe mit der Beschreibung Mathias Kneißls; er setzte seinen ungebetenen Gast vor die Tür, und von da an beging dieser eine Straftat nach der anderen.

Acht Monate lang durchstreifte Mathias, den Drilling unter dem Mantel, das bayerische Oberland. Er brach auf Bauernhöfen ein, raubte Opferstöcke in den Kirchen aus und schreckte nicht davor zurück, seine Waffe abzufeuern, wenn er in die Bredouille geriet. Zwischendurch wagte sich Mathias Kneißl sogar einige Male nach München; in der Hauptstadt verbargen ihn Theresia und die Schwestern, oder er kroch bei seiner Geliebten Mathilde unter. Bis in den Spätherbst des Jahres 1900 hinein führte Mathias dieses Renegatenleben; am Abend des 30. November schließlich tauchte er erneut bei Michael Rieger in Irchenbrunn auf und bat den Flecklbauern um einen Imbiß und ein Nachtquartier.

Rieger erklärte, er habe keine Lebensmittel daheim und müsse welche im Dorfwirtshaus besorgen. Das aber war ein Trick, denn in der Taverne forderte der Flecklbauer, der sich offenbar die vierhundert Mark Kopfgeld verdienen wollte, einen Gast auf, die Gendarmen in Altomünster von Kneißls Anwesenheit in seinem Haus zu verständigen. Dann kaufte er Bier und Geräuchertes, kehrte zu seinem Hof heim und zechte bis tief in die Nacht mit dem Renegaten. Gegen 1.30 Uhr schließlich erschienen zwei Polizisten namens Brandmeier und Scheidler; sie schlichen in den Hausgang, wo Rieger, der sich unter einem Vorwand in den Flez begeben hatte, ihnen zuflüsterte, daß Mathias Kneißl in der Küche sitze. Bevor die Gendarmen allerdings dort eindringen konnten, roch Mathias Lunte und eröffnete das Feuer. Der Renegat schoß beide Polizisten nieder; während Mathias Kneißl floh, verblutete Brandmeier im Hausgang – und drei Wochen später erlag auch Scheidler seinen Verletzungen.

Die spektakuläre Bluttat erregte überall in Bayern gewaltiges Aufsehen; im Jahreswechsel von 1900 auf 1901 erhöhte das Innenministerium die Prämie für Kneißls Ergreifung auf tausend Goldmark. Das entsprach dem Gegenwert eines kleinen Bauernhofes, und infolgedessen machten sich nun Hunderte von Kopfgeldjägern auf, um den Renegaten zu fangen. Da die meisten von ihnen völlig unbedarft waren, kam es zu komödienreifen Szenen; die selbsternannten Detektive jagten harmlose Bauernburschen oder gerieten aufgrund ihrer oft abenteuerlichen Verkleidungen selbst in den Verdacht, Mathias Kneißl zu sein. Keinem von ihnen gelang es, dem Renegaten ernsthaft gefährlich zu werden; ebensowenig konnten die zahlreichen Gendarmeriestreifen, welche die Kneißl-Jagd professioneller betrieben, einen Erfolg verbuchen.

Volle zwei Monate narrte Mathias Kneißl zum zunehmenden Gaudium der in großen Teilen durchaus mit ihm sympathisierenden altbayerischen Bevölkerung seine Häscher. Er beging weitere Einbrüche; bei einem seiner Abstecher nach München stieg er sogar in ein Waffengeschäft ein und raubte einen Revolver. Einmal glückte ihm ein Coup, der landauf, landab für extreme Heiterkeit sorgte. Zwischen Schwabhausen und Indersdorf kam er ernsthaft in Bedrängnis; in der ganzen Gegend wimmelte es plötzlich von Uniformierten. Doch Mathias fand einen Kleinbauern, der ihn in einem leeren Jauchefaß versteckte und das anrüchige Behältnis samt seinem hochbrisanten Inhalt sodann mittels eines Ochsengespanns frech durch den Polizeikordon karrte.

Anfang März 1901 jedoch wendete sich das Blatt. Ein Denunziant läutete das Ende der Tragödie um den Schachermühl-Hiasl ein. Es handelte sich um einen Kleinkriminellen namens Johann Vöst, der entfernt mit der Familie von Mathias' Geliebter Mathilde verwandt war. Und dieser Vöst, der wahrscheinlich ein Verhältnis mit Mathildes Mutter hatte, brütete jetzt einen raffinierten Plan aus, um Mathias Kneißl auffliegen zu lassen und so das Kopfgeld zu kassieren.

Der Gauner wußte von Mathilde, daß Mathias Unterschlupf im halbverfallenen Aumacher-Anwesen in der Nähe des Weilers Geisenhofen gefunden hatte. Im Komplott mit deren Mutter überredete er Mathilde zu einem Besuch auf der heruntergekommenen Hofstelle; zuvor hatte er das Einverständnis von Mathias, der ihm offenbar vertraute, eingeholt. Am 2. März 1901 fuhren Johann Vöst und die beiden Frauen mit der Bahn nach Nannhofen und legten das letzte Wegstück bis Geisenhofen zu Fuß zurück. Teils im Versteck von Mathias Kneißl, teils im Haus eines gewissen Bauern Merkl, dem das Aumacher-Anwesen gehörte, sprachen alle vier ausgiebig dem Alkohol zu. Am nächsten Tag, als Mathilde, ihre Mutter und Vöst sich wieder verabschiedeten, soll Mathias noch immer ganz betäubt vom Schnaps gewesen sein – und genau das hatte Johann Vöst auch angestrebt, denn kaum stiegen er, seine Geliebte und die ahnungslose Mathilde in München aus dem Zug, teilten Vöst und Mathildes Mutter der Bahnpolizei mit, wo Mathias Kneißl sich aufhielt und daß man ihn aufgrund seines Zustandes leicht würde überrumpeln können.

Die Gendarmen allerdings nahmen das zunächst nicht ernst; es dauerte einige Zeit, ehe sie den Denunzianten Glauben schenkten. Dann aber wurde Großalarm bei der Münchner Stadtpolizei gegeben, und im Morgengrauen des 4. März umstellte ein starker Trupp Gendarmen das Aumacher-Anwesen bei Geisenhofen. Mathias Kneißl hatte keine Chance mehr, zu entkommen; er konnte das Haus lediglich verbarrikadieren und sich anschließend auf dem Speicher verschanzen. Aufforderungen eines Polizeioffiziers, sich zu ergeben, ignorierte er – trotzdem erfolgte zunächst kein Angriff der Uniformierten.

Vielmehr warteten die bereits in Stellung gegangenen Gendarmen das Eintreffen zusätzlicher Polizeieinheiten ab, die am frühen Nachmittag des 4. März anrückten. Es handelte sich um zwei Kompanien mit einer Mannschaftsstärke von zusammen hundertsechzig Mann; ein riesiges Aufgebot, um einen einzigen Gesetzlosen zu überwältigen. Doch ungeachtet ihrer gewaltigen Übermacht handelten die Gendarmen noch immer nicht; man hatte ihnen nämlich befohlen, die Ankunft des Polizeigenerals sowie etlicher hochgestellter Politiker abzuwarten.

Diese Honoratioren erschienen schließlich kurz nach Sonnenaufgang des folgenden Tages, des 5. März. Mathias Kneißl hatte die

ganze Zeit über auf dem Dachboden des Aumacher-Anwesens aus-
geharrt; jetzt hörte er plötzlich, wie draußen scharfe Kommandos
gebrüllt wurden – im nächsten Moment brach die Hölle los. Die
rund zweihundert Gendarmen deckten das Haus eine halbe Stunde
lang mit Gewehrsalven ein; erst dann stürmten sie und fanden den
schwerverwundeten Renegaten auf dem Speicher hinter dem Kamin.
Eine Kugel war ihm in den Bauch gedrungen, andere hatten sein
Gesicht, ein Handgelenk und einen Arm getroffen. Dennoch kann-
ten die Polizisten keine Barmherzigkeit und prügelten jetzt auch
noch mit ihren Gewehrkolben auf den Hilflosen ein, welcher – wie
sich später herausstellte – selbst keinen einzigen Schuß abgegeben
hatte. Zuletzt wurde er auf den Hof gezerrt, von einem Gendarme-
riearzt notversorgt und nach München abtransportiert, wo man ihn
in die Chirurgische Klinik rechts der Isar einlieferte.

Monatelang bemühten sich die Ärzte um Mathias Kneißl. Im August
1901, kurz nach seinem sechsundzwanzigsten Geburtstag, war er
soweit genesen, daß die Behörden ihn ins Augsburger Untersuchungsgefängnis überführen lassen konnten. Dort saß er bis zum
Herbst in einer Einzelzelle; vom 14. bis zum 19. November 1901
fand schließlich die Schöffengerichtsverhandlung gegen ihn statt.
Der Schuldspruch, welcher nach nur neunzigminütiger Beratung der
Beisitzer erging, lautete folgendermaßen: »Im Namen Seiner Königlichen Hoheit, des Prinzregenten Luitpold, wird Mathias Kneißl
zum Tod auf dem Schafott sowie zu fünfzehn Jahren Zuchthaus verurteilt!«

Das Todesurteil wurde am Morgen des 21. Februar 1902 vollstreckt.
Der Schachermühl-Hiasl starb unter dem Fallbeil der Guillotine, die
in der Karmelitengasse vor der Augsburger Strafanstalt aufgebaut
war. Seine Mutter Theresia ließ ihn auf dem Katholischen Friedhof
der Stadt beisetzen; zuvor hatte sie den Leichnam ihres Sohnes für
sechzig Goldmark von den Behörden freikaufen müssen. Heute existiert Mathias Kneißls Grabstätte nicht mehr, sie wurde nach Ablauf
der Belegfrist eingeebnet und anderweitig vergeben. Aber die Erinnerung an den Schachermühl-Hiasl ist um so lebendiger geblieben – wie die unsterblich gewordene Moritat vom Räuber Kneißl
beweist:

I bin von Unterweikertshofen, i sag's ganz ungeniert,
mei Vater war a Müller, da Pascoliniwirt.
Mei Muatta war a Zweigerl vom Pascolinikern,
sie war a saubers Weiberl, hat de jungen Burschen gern.

Mei Vater hat a Mühl in Pacht vom Sulzemooser Schloß,
da war bei uns a Leben, ma ko ja sagn, famos.
Die Burschen, de san kemma aus da Näh und aus da Fern,
mei Muatta, des Hexenweiberl, hört d' Burscheng'sangl gern.

In der Schachermühl ging's lustig zu, da war das Lebn so fein,
da oa hat bracht a Schaferl, der andere a Schwein,
da ham ma öfter g'schlachtelt, gute Blutwürst hat's da gebn,
es war halt in da Schachermühl a ganz a lustigs Leben.

In der Schachermühl geht's lustig zu, war schließlich nur Alarm,
bis die G'schicht is kemma wohl unter die Gendarm.
Mei Muatta, de ham s' g'schlossen, mir Buam, mir san davo,
an Vater ham s' daschossen, den ehrenbraven Mo.

Jetzt les' i aus der Zeitung, d' Schachermüller ham 's verhaft,
na ham s' uns halt recht spöttisch auf Dachau einig'schafft.
Das Urteil, das hat g'hoaßen, es war net gar so fein,
hat g'hoaßen sechs Jahr Zuchthaus nach Kloster Kaisersheim.

Vom Zuchthaus bin i entlassen, war wieder a frischer Bua,
i hab aa wieder g'arbat, d' Leut lassen mir koa Ruah,
mei Arbeitgeber war zwungen, muß mir mei Zeugnis gebn,
drauf bin i wieder obag'rutscht ins Vagabundenlebn.

Es war bei Altomünster, war dunkel und scho finster,
da kamen zwei ins Haus, wie der Kneißl saß beim Schmaus.
Da Flecklbauer sagt: »Geh, Hiasl, sei net z'wider!
Den Drilling, den nimmst raus und schiaßt de zwoa glei nieder!«

Jetzt les' i aus der Zeitung raus, es is ganz unerhört,
dem Kneißl Hias sei Köpferl wär tausend Markl wert.
Der wo die tausend Markl will, der braucht net lang studirn,
mei Drilling, der is g'laden, er darf ihn bloß probiern!

Es war am Montag, vierter März, in aller Herrgottsfruah,
da ging's in Geisenhofen scho sakramentisch zua.
160 Mann san einmarschiert, zwoa Kommissäre und a Arzt,
da hat sich da Kneißl Hiasl hinter de Ohr'n a wengal kratzt.

Aufs Kommando »Eins, zwei, drei« fliagn tausend Kugeln nei,
da Dachstuhl, der hat zittert, und 's Häusl fallt bald ei!
Der Hiasl mußte retouriern wohl hinter den Kamin,
das war für 'n Kneißl Hiasl a scheußlicher Ruin!

Daß an Kneißl Hiasl g'fangen ham, das is jetzt wohlbekannt,
zum Krüppel ham s' ihn g'schossen, des woaß as ganze Land.
Als Krüppel ham s' ihn transportiert, a sechs, a acht Gendarm,
des war ja in der Münchner Stadt der fürchterlichst Alarm.

Z' Augsburg hat's koan Bader g'habt, der an Kneißl ko rasiern,
jetzt müssen s' weg'n dem Teufelskerl auf München telefoniern.
Der beste Münchner Bader, der hat des Ding probiert
und hat den Kneißl Hiasl zum letzten Mal rasiert.

In Gsotstuhl ham s' ihn einito, wia ma d' Ochsen schlagen tuat,
beim letzten Mal Rasiern is g'flossen a bisserl a Bluat.
Der Kerl, der hat no zappelt, es is a wahrer Graus,
und 's Liadl is jetzt g'sunga, mit'm Kneißl Hias is's aus!

Literaturauswahl
(nach den Kapiteln im Buch geordnet)

Bauer, Karl: Regensburg, Geschichte und Geschichten. 3. Auflage. Regensburg 1980.

Babl, Karl: Emmeram in Regensburg - Legende und Kult. Kallmünz 1973.

Orlop, Nikolaus: Von Garibald bis Ludwig III. Die Herzöge, Kurfürsten und Könige Bayerns. München 1979.

Lohmeier, Georg: Auf den Spuren der Väter. München 1987.

Hubensteiner, Benno: Bayerische Geschichte. München 1992.

Prinz, Friedrich: Gestalten und Wege bayerischer Geschichte. München 1982.

Liebhart, Wilhelm: Altbayerische Geschichte. Dachau 1998.

Nöhbauer, Hans F.: Die Chronik Bayerns. Dortmund 1987.

Schäfer, Werner: Agnes Bernauer und ihre Zeit. München 1987.

Böckl, Manfred: Agnes Bernauer. Hexe, Hure, Herzogin. 4. Auflage. Berlin 2001.

Kunze, Michael: Der Prozeß Pappenheimer. Ebelsbach/Main 1981.

Mehle, Ferdinand: Der Kriminalfall Kaspar Hauser. Kehl 1995.

Richter, Werner: Ludwig II. König von Bayern. 14. Auflage. München 2001.

Bosl, Karl: Vorträge zur Geschichte Europas, Deutschlands und Bayerns. Stuttgart 1998.

Sie kämpfen um die historische Wahrheit. In: Starnberger Kreisbote vom 10. 2. 1999.

Boehncke, Heiner und Sarcowicz, Hans: Die deutschen Räuberbanden. Frankfurt/Main 1991.

Böckl, Manfred: Jennerwein. Berlin 1997.

Böckl, Manfred: Räuber Heigl. Der Höhlenmensch vom Kaitersberg. Amberg 1998.

Böckl, Manfred: Mathias Kneißl. Der Raubschütz von der Schachermühle. Dachau 1998.